大森和代の
ちょっと変わった
子育て講座

「育児は育自!」

子どもと一緒に自分も成長しよう

大森和代
Kazuyo Omori

たま出版

はじめに

　わたしはスピリチュアルカウンセラーとして、さまざまな悩みを持たれている方々のカウンセリング（個人面談）をおこなっています。その活動の一環で、子育てに関するセミナーをおこなったり、親子で参加できる「愛のおすそわけセミナー」を定期的に開催したりして、子どもを持つ親御さんの悩みもたくさん聞いてきました。そのセミナーのなかで、ママのトラウマを溶かすためのワークというものをおこなっています。

　たとえば幼少期に辛い経験をしてトラウマを抱えてしまうと、自分がママになって子育てをするようになったとき、自身の子どもに対する言葉や行動となって出てしまうことがあります。トラウマにより、本当の愛がわからなくなっている方もいます。そこでセミナーの時間を利用して、ママのトラウマを溶かすためのワークをおこなうのです。

当然のことですが、いま育児をされているママ自身にもお母さんがいます。そのお母さんのお腹のなかにいたときの気持ちを思い出すことで、小さなころに抱えたトラウマを溶かしていくのがこのワークの目的です。

ママのトラウマを溶かして解消することで、ご自身の子どもとまっすぐに向き合い、愛のある育児ができるようになっていきます。

セミナーのワークで参加者のみなさんにお伝えしているメッセージの一部分を、ここでご紹介したいと思います。読者の皆さんご自身の境遇と重ね合わせ、あなたがかつてお母さんのお腹のなかにいたときの気持ちをイメージしながら、読み進めていただければと思います。

わたしがお母さんのお腹に入る日、黄金の光の柱が目の前におりてきた。

「いよいよこの日が来た～」

と思い、高まるような気持ちで、その黄金の光の柱のなかに入ると、急に体が浮き、その柱のなかを上へ上へと、すごいスピードで上っていった。

少しこわい気がしたよ。とにかくすごいスピードで……。

気づいたとき、わたしは何とも言えない心地よさと安心感に包まれていた。まわりがピンク色っぽくも赤っぽくも見えて、すべすべとしていて、ずっとずっとここにいたいような気持ちで……。

「あっ、ここはお母さんのお腹のなかなんだ～」

とわかり、それから生まれるまでのあいだ、ずーっとお母さんと一緒にいられたね。

お母さんが食べたもの、飲んだものは、おへその緒からすぐ入ってきて、わたしへの栄養に変わった。

お母さんの気持ちもわたしの心にすぐ伝わってきたよ。お母さんがイライラしたり、おこっていたりすると、わたしもいやな気持ちになった。お母さんが悲しい気持ちでいたり、泣いたりしていると、わたしもどうしようもなく悲しく、つらくなったよ。そして、お腹がぎゅーっと縮まって、息苦しくなるの。

お母さんが機嫌よく、楽しい気持ちでいると、わたしもうれしくって、うきうきした気持ちになって、よく動けた。

お母さんとわたしはいつも一緒、一心同体。どこに出かけるときも、何をするときも一緒で安心、すべすべと心地いい。

お母さん、大好き。お母さんと、これからもずーっと一緒にいたい。そう思っていたのに、お腹の中はどんどん狭く、窮屈になっていった。「このままここにはいられないんだ～」ってわかったの。

ある日、お父さんとお母さんの話し声で、「わたしが生まれるんだ～」ってわかったよ。

ちょっと不安な気持ちになったとき、「だいじょうぶですよ～。こわくありませんよ」と、どこからか前にも聞いたことのある声が聞こえてきた。

その声で安心して、わたしは自分の力を思いっきり出して、ぽーんと足でお腹の壁をけったの。すごい勢いでシュルシュルシュルシュルーって、すべり落ちるように飛び出した。

「うわ～まぶしい！　明るいよ～」

いままでと別世界でびっくりしたよ。

お腹のなかにいたときに聞こえてきた、知っている声の人たちがまわりにいた。

これがお父さん、お姉ちゃん、お兄ちゃん、おじいちゃん、おばあちゃん……。

みんな、み～んなわたしの大切な人だとわかった。

みんなとずっと一緒にいたい。こんな幸せの光に包まれて、ずっとずっと一緒にいたい。

わたしの願いが届きますように。いつかまた、生まれ出てくる前の世界へと帰れる日まで、おだやかな日々が過ごせますように……。

それから月日は流れ、生まれ出たときとは気持ちが変化してきた。

お母さんとのつながりは、切っても切れないもの。なのにわたしは、ずっとお母さんに対して反抗してきた。

お母さんが大好きなのに、お母さんの顔を見るとなぜか素直になれない。お母さんにだけは、言いたいことを言ってしまう。いろいろ言って心配かけてしまう。

顔を見て言えないから、いま、心のなかで言います。

（お母さん、ごめんなさい。本当にごめんなさい）

お母さんの後ろ姿が、丸く小さくなって見えたとき、何とも言えない、さみしいような、悲しいような、切ないような気がしたの。

いつまでも一緒にいてほしい。でもそれはかなわないとわかっている……。

いつかお別れをしなくてはならないお母さん。いつかお別れをすれば、会話もできなくなってしまうんだね。笑顔も、怒った顔も見られなくなるんだね。

もっと親孝行をしておけばよかった……そう後悔しないようにしたい。

だからいま、伝えます。

「お母さん、ありがとう。わたしは、お母さんの子として生まれてきて、本当によかったです」

いかがでしたか？

セミナーでワークをすると、涙を流すお母さんが多くいらっしゃいます。そうやって涙が流れるのは、心の奥底で凝り固まっていたトラウマが溶けた証拠です。

子育てで悩みを抱えられていたとしても、ご自身のトラウマを解消することで、きっと状況が少しずついい方向に進展していくはずです。

＊＊＊

いま世のなかでは、子殺し、親殺しなどの信じられない事件が相次いでいます。とくに近年は親の子どもに対する虐待事件の報道が急増していますし、子どもが親を傷つける痛ましい事件も何年も前からたびたび世間を震撼させてきました。親子だけでなく、まだあどけなさの残る子どもが祖父母を殺害したり、その反対に、かわいいはずの孫を祖父母が殺してしまったりといった凶悪事件も後を絶ちません。

法務省の調べによると、日本における殺人事件の約五割は家庭内によるものとなっています。一説では、身内の事件は日本が世界で一番多いそうです。戦後の日本は貧しい暮らしを強いられましたが、親子の絆はいまよりもずっと深く、身内で殺し合うような悲惨な事件はここまで多くはなかったはずです。戦後七〇年が経過するなかで、いったい日本は何が変わってしまったのでしょうか。

戦後の日本経済は大きく成長し、人びとの生活は物質的にはとても豊かになりました。一方で核家族化が進み、家族の在り方が少しずつ変わってきています。さらに母子のつながり、そして子どもを育てる際の親の心の状態が変化してきているのではないかと考えています。

母子の結びつきを象徴するのは幼少期の授乳を含むスキンシップです。戦後の時代は小学校に上がっても、たとえ母乳が出なくてもお母さんのおっぱいをすする子どもがたくさんいたそうです。子どもたちは母親と触れ合うことで精神を安定させていたのです。早い時期に断乳をすすめる今の時代、小学校に上がった子どもからおっぱいを求められたら、お母さんはびっくりしてしまうのではないでしょうか。

以前、引きこもりがちで、自殺願望を持つ大学生の女の子のカウンセリングをさせていただきました。彼女はわたしに、ふと「お母さんのおっぱいが飲みたい」とつぶやきました。

そこでお母さんに協力してもらい、かつてのように抱きかかえて、おっぱいをくわえさせてあげるようお願いしたのです。もちろん母乳は出ませんが、それを毎日繰り返したところ、情緒が安定して自殺願望がなくなり、また世の中に出ていけるようになりました。大学生の彼女は、母子のつながりを心の奥深い部分で求めていたのでしょう。

出産はとても不思議です。もともと同じ肉体だったわが子が、母親の胎内から切り離されて、この世に生まれ出てくるのです。だから本来、母子のつながりはとても濃いものがあります。

この母子の結びつきが希薄になったり、母と子の関係にゆがみが生じたりすると、子どもの情緒が不安定になっていきます。やがて子どもは親の言うことを聞かなくなったり、非行に走ったりするなどの望ましくない行動をとるようになる可能性が高くなります。

その行き着く先が肉親を傷つけ合うような事件になるとすれば、わたしたち日本人は豊かさと引きかえに大切なものを失ってしまったと言わざるを得ないでしょう。現代社会のさまざまな問題の根底には、母子の関係性の変化があると思うのです。

親の愛情を十分に受けて育たなかった子どもがやがて結婚し、親になると、今度は自分の子どもに対する言動にその影響が出てしまう可能性があります。冒頭でお伝えしたように、子育てするお母さんのトラウマを解消してあげない限り、虐待を完全になくすことはできません。

児童虐待は、子どもはもちろん、お母さん自身も辛く苦しいのです。虐待を受ける子ども、子どもに危害を加えてしまう母親をともに救うためには、やはり母子の本来の関係をもう一度、取り戻すしかありません。

いまこの時代に母子の結びつきをいま一度強めたい――。

そんなメッセージをお伝えするため、カウンセラーとしての経験、さらに二人の子どもを育ててきた母親としての経験も踏まえながら、本書を執筆することにしました。


自分自身も不思議なのですが、わたしのセミナーに参加された幼稚園や保育士の先生方から「目からうろこの子育て論です」「育児の固定概念が打ち破られました」と言っていただけることがあります。

わたしの育児に対する考え方や経験は、世間一般でいわれている育児とは一風変わっているかもしれません。しかし、母子のつながりが強かった、かつての日本の育児の姿だと思っています。幼稚園や保育園の先生方は、人間本来の姿に立ち返ったような育児を実践しているわたしの方法に何か感じるものがおありなのかもしれません。

「時代は変わっても、育児は変わらない」

これは本書で一番お伝えしたい思いの一つです。

時代は流れ、人びとの生活環境や家族の在り方は大きく変化しました。しかし、いくら時代が変わろうとも、母子のつながり方と育児の在り方が変わるわけではありません。

社会が動いても、そこで生きる生身の人間の本質は変わらないように、育児についても人間本来の在り方を踏まえたものでなければなりません。

本書では、わたしの育児に対する考え方や経験をお伝えしています。これはわたし自身の育児が成功したかどうかということではなく、わたしの育児経験がお母さんの助けに少しでもなればとの思いからです。参考にできるところがあれば取り入れていただき、母子のつながりを深めるきっかけにしていただければ幸いです。

大森　和代

目次

第二章　見守る育児

終章　子どもの未来をつくる育児――189

序章　お母さんのトラウマを解放してあげよう

トラウマは連鎖する⁉

「子ども時代に親から暴力を受けた」
「親から愛されずに育ち、寂しい思いをした」
「育児放棄にあい、親を憎んでいる」

子どものころに親から身体的、精神的な苦痛を受けて育ち、成人してからもそのトラウマに苦しみ続けている人は少なくありません。

本来、子どもは親から無償の愛を受けて成長し、情緒を育んでいくものです。ですが、子ども時代に長期にわたる暴力や放置、無視などの扱いを受けてしまうと、心に傷を受けて情緒が不安定になったり、衝動的で暴力を振るったりするなどの傾向が強くなります。

「三つ子の魂百まで」

そんなことわざがあるように、とくに乳幼児期の育児環境が脳の発達に大きく影響しているといわれています。

幼少期の辛い家庭環境でトラウマを抱えてしまうと、本人が苦しいだけでなく、場合によっては、その影響が次の世代にまで及んでしまう可能性があります。親から受けた心の傷を持ったまま結婚し、やがて子どもを授かって子育てをする立場になると、親から受けた言動を自分の子どもに対してもおこなってしまいかねないからです。これを虐待の世代連鎖と呼びます。

「こんなにも大切な存在なのに、なぜ子どもを叩いてしまうのだろう」
「どうして自分の子どもなのに愛せないのだろう」
「自分の子どもなのに、上の子を好きになれないのはなぜだろう」
「大切に育てたいけれど、子どもをどうやって育てていいかわからない」

幼少期のトラウマを引きずり、このように悩んでいるお母さんがいらっしゃるのではないでしょうか。

親から虐待を受けて育った人が、抑圧された憎しみを子どもに向けてしまった結果、昨今の痛ましい事件につながっているのではと心配しています。

親殺し、子殺しの事件が後を絶たないなか、児童虐待が最近増えているように感じます。

この児童虐待とは、何をもってそのようにいわれるのでしょうか。

法律によると、次のように定義されています（一部、簡略化）。


「(1) 児童の身体に外傷が生じる、または生じるおそれのある暴行を加えること。(2)児童にわいせつな行為をすること、または児童にわいせつな行為をさせること。(3) 児童の心身の正常な発達を妨げるような著しい減食、または長時間の放置、その他の保護者としての監護（適切な世話）を著しく怠ること。(4) 児童に著しい心理的外傷を与える言動をとること」

こうした虐待が世代を越えて連鎖していくというのは、データでも示されています。

心理学者の長谷川博一氏は、著書『たすけて！　私は子どもを虐待したくない』（径書房）で、次のようにおっしゃっています。

「子ども時代に親から身体的・精神的に虐待された人のうち、親になって子どもを虐待した人の割合は、男子が六九・四％、女子が八一・一％であった。虐待されなかった人の場合、男子が三二・八％、女子が四一・七％なので大きく差がついた」

もちろん、虐待を受けたすべての人が自分の子どもに対して同じような扱いをするわけではありません。むしろ親を反面教師として、すばらしい親となり、子育てに励んでいる方もたくさんいらっしゃるはずです。

ですが残念ながら、虐待を受けていた人は、そうでない人と比べて虐待をおこなう可能性が高くなってしまうのです。

　虐待の影響が自分の子どもに出なくても、ご主人に対する態度や言動となってあらわれてしまう人もいます。夫が父親と重なり、憎しみの感情をぶつけてしまうのです。その逆で、妻と母親が重なってしまう場合もあります。そうなると夫婦仲に亀裂が入り、家庭崩壊につながりかねません。


　自ら進んで虐待したいと思い、子どもに手をあげる親はほとんどいないと思います。虐待はだめというのは頭では理解していても、過去の辛い経験がトラウマとして残り、その過去の自分の姿を子どもに投影してしまうのかもしれません。

　虐待している親は辛いのです。そんな自分を責め、でもやめられずに繰り返してしまう……。この苦しみから抜け出したいと、もがき苦しんでいるお母さんがたくさんいます。

　虐待は自分の親や、さらにその上の親……と、何世代にもわたって築かれてきた可能性があります。ですが親を責めてばかりでは解決できません。自分の代で虐待の連鎖をストップさせることが、家族の本当の幸せにつながります。

トラウマを解消しないと、愛のある育児はできない

では、どうすれば虐待の世代連鎖を止められるのでしょうか。

それは、育児するママのトラウマを溶かすことです。

わたしは、トラウマを解消するためには「原点」に還るのが大切だと思っています。

「原点」とは、母親の「子宮」のことです。

大人になると、母親の子宮のなかにいた当時の記憶は消されていますが、その記憶を呼び覚ますような働きかけをして、お母さんの心を癒してあげるのです。

「はじめに」でお伝えしたように、わたしは親子で参加できる「愛のおすそわけセミナー」「育児セミナー」「時空を越えるセミナー」を開催し、お母さんのトラウマを溶かすためのワーク（原点に還るためのワーク）もおこなっています。

目を閉じていただき、わたしがその場で降りてきた言葉を、会場全体のお母さん一人ひとりに語りかけるような気持ちでお伝えしていきます。

まだお腹のなかにいたときの気持ち、あるいはお母さんの気持ちをお伝えすることで、これまで気づかなかった母親の大きな愛を感じられる方がいらっしゃいます。もしくはお父さんに叩かれたり、お母さんに言葉で傷つけられたり、子ども時代に受けた記憶がよみがえってくる方もいらっしゃいます。

多くの参加者の皆さんが涙を流され、時には嗚咽をもらして泣いている方もいらっしゃるほどです。

最初は辛いかもしれませんが、親に対する感情を封印するのではなく、受けたトラウマとしっかりと向き合うことで次第に感情が変わっていきます。心が軽くなり、優しい気持ちになり、すべてを受け入れられるような気持ちになっていくでしょう。

その気持ちは新たに生まれたものではなく、トラウマによって抑圧されていた感情です。トラウマを溶かすことで、本来持っていた自分の気持ちを前面に出せるようになっていくのです。自分に自信が持てるようになり、「どうせわたしなんて……」という気持ちがなくなり、もっと自分を好きになれるでしょう。

ただし、一度のワークで心の傷が一気に解消されるわけではありません。家でもリラックスする時間をつくり、心の奥底にある感情と逃げずに、向き合っていただきたいのです。

強いトラウマがある人は、なかなか親に感謝できないものです。育ててもらった感謝以上に、憎しみの感情のほうが強いからです。そうした心の傷を癒しておかなければ、いざ自分が親になったときに、本当に愛あふれる育児はできません。児童虐待の悲しい出来事が後を絶たない現代だからこそ、育児するお母さんの心のケアを第一に考える必要があります。

親の愛はとても強いものです。そのため、「愛のおすそわけセミナー」では、親の愛を感じてもらうワークもおこなっています。

魂（心）の故郷である霊界と呼ばれる場所があり、その霊界に亡くなった親やご先祖様がいらっしゃいます。

さらに霊界より上の段階には、わたしたち人間の魂をつくられた「魂の親」――それを神様と呼ぶ方もいます――もいらっしゃいます。その「親」からどれほど愛されているのかを感じてもらうためのワークです。

親の無償の愛を感じることで、これまで親に対して抱いていた思いが変わることでしょう。トラウマの解消とともに、親に感謝することはとても大事なのです。

第一章　体験させる育児

体験させるからこそ危ないとわかる

「子どもが危ない遊びをしていても、とめてはいけない」――。

多くのお母さんはびっくりされるかもしれませんが、これはわたしの育児に対する考え方の一つです。

小さなお子さんがガラスのコップを手にして遊んでいると、「危ないからやめなさい」と注意し、コップを取り上げるお母さんが多いはずです。しかしわたしが育児に専念していたときは、たとえ危険だと思っても、子どもの手から取り上げたりはしませんでした。ガラスのコップが本当に危ないものなのかどうか、言葉で注意するだけではわからないからです。

コップを持ってふざけていると、やがて落として割ってしまうものです。なんでも投げる時期であれば、勢いよく放り投げて、ガラスの破片が部屋いっぱいに散らばってしまうかもしれません。

通常であれば子どもには近寄らせず、親が破片を拾い集めて処理するでしょう。ですがわたしは、あえて子どもにも破片をさわらせました。何かあればすぐ取り上げられるよう、もちろん十分注意はしています。そのうえで子どもの好きなようにさせて、わざと怪我をさせるのです。

重ねて申し上げるのですが、これはあくまでわたしのやり方です。同じようにされる場合、お子さんのそばにいて、十分注意をしながら見守ってあげてください。鋭利なものをさわると、チクっと痛みが走り、切れた箇所からプツリと血が出てきます。子どもはびっくりして、泣いてしまうかもしれません。

しかし、それにより子どもは、「ガラスのコップを落とすと割れて怪我をする。だから注意して扱わないといけない」と身をもって学びます。「危ないからやめなさい」とお母さんが言葉で注意するだけでは、けっして伝わらない痛み、血が出る怖さを肌で感じられます。

体験させるからこそ、危ない遊びだとわかります。身を持って体験すれば、次からは遊ばなくなるでしょう。

転んだ時に手をつけない子どもが増えている⁉

以前、テレビをみていて驚きました。近年の傾向として、転び方を知らない子どもが増えているというのです。

ある調査によると、すぐ骨折する子どもは顔や頭を怪我するケースが多いことがわかりました。つまずいて転んだ際、とっさに手をつくことができず、顔や頭を地面にぶつけてしまうのです。子どもの著しい体力の低下に加えて、転ばないよう親が常に手を出しているからということでした。

いつまでも親が子どもの横について見守り、支えてあげることなんてできません。やがて子どもは親から離れ、自分の人生を歩きはじめます。そのとき、つまずいて転んでも対処できる力をつけさせてあげるのが親の役目です。転ばぬ先の杖のように、親が先回りして注意したり、手出しをしたりしていると、子どもは危険に対して適切に対処できないまま大きくなってしまいます。

子どもが危険に対応できる力を身に付けさせるためには、体験させる育児が大切だと思っています。

ガラスのコップは一例ですが、ほかにも熱湯をこぼすと熱い、熱いものが体に触れるとやけどする、転ぶと膝や手をすりむいて痛い……それらを言葉ではなく、実際に身をもって感じさせるのです。

体験しながら学び、危険を理解することで、次からは慎重に行動するようになっていきます。子どもが自分の力で危険を判断できる、これが生きる力です。

こうした育児の考え方は、わたし自身が育った環境も影響しています。

わたしの実家は薬局で両親とも忙しく、十分にかまってもらえるような環境ではありませんでした。だから、子どものころのわたしは両親の目を盗んではお店に勝手に入り、おもしろいものを見つけては一人で遊んでいたのです。

薬局では化粧品も販売していて、美容部員のお姉さんがお客さんの顔や眉毛を剃るために使うカミソリも保管してありました。そのカミソリを見つけたわたしは何もわからず手で握りしめ、血だらけになったことがあります。刃は薄いほどよく切れる、カミソリは危険だから触ってはいけない、そんな知識を自ら痛い思いをすることで覚えました。

ほかにも、ドアに手を置いて遊んでいたところ、風でバタンと閉まり、指が挟まれてしまったこともあります。爪がはがれそうなほどの怪我を負いましたが、おかげでドアに手を置いてはいけないと学びました。

自分の幼少期の様々な体験が、本当に危険なときは当然止めるべきですが、ある程度は野放しで育てたほうが学びが多い、そんな独自の子育てのベースになったように思います。

家のなかなら裸で過ごしたっていい！

いま大学生の娘と息子が、まだ小さかったころの話です。

その日は雪の降る寒い冬の日でした。ピンポーンと玄関のチャイムが鳴り、家の外を見ると真っ白の雪。

「雪が降ってるわよ〜」

子どもたちに教えてあげると、とても嬉しくなったのでしょう。「わぁー！」と声を上げながら玄関を勢いよく飛び出し、雪のなかに思いっきりダイブしました。

驚いたのはお客さんです。子どもたちは二人とも裸だったからです。

お客さんは「ごめんなさい、お風呂に入っとったんやね」と恐縮されてしまいましたが、そんなことはありません。子どもたちは冬でも家のなかで裸で過ごす日があったのです。

外は寒くても、家のなかは暖房をきかせていれば暖かいものです。だから二人とも小さいころは、上はTシャツ一枚、下はすっぽんぽん、そんな感じで過ごしていました。

子どものころは、家のなかであれば裸で過ごしてもいいと思っています。

本来、動物にとって衣服を身にまとうのはストレスになるものです。人間も動物なので、裸に近い状態のほうが心地よいのです。とくに脳神経の発達が著しい〇歳から三歳までは、家のなかではなるべく裸で過ごさせて、できる限りストレスをなくしてあげるといいでしょう。

三歳まではそうやって裸で過ごさせ、五感を楽しませてあげることで脳の発達を妨げないのではないかと思い、わたし自身も育児中に実践していたのです。

乳幼児のいるお母さんの場合、顔を引っかくからという理由で手袋をはめさせたり、寒いからといって靴下やタイツをはかせたりしていませんか？

かわいい赤ちゃんが、自分の顔を傷つける姿を見るのは辛いものです。ですが赤ちゃんは手の感触、足の感触を通してモノの肌触りや質感、温度などを楽しんでいます。できる限り素手、素足で過ごさせてあげてください。

赤ちゃんに手袋や靴下をはかせても、すぐ脱いでしまうことがあります。赤ちゃんにとっては、手足を通じてせっかく五感を楽しんでいるのに、布が邪魔でしかたがないのです。

顔をひっかくのが気になるのであれば、毎日爪を切り、やすりでこすってあげるといいでしょう。すこしくらいひっかいてもすぐ元に戻ります。赤ちゃんも当然痛みを感じていますから、自分の顔を一生傷が残るほど深く傷つけることはありません。

また、子どもは大人が思う以上に寒さに強いものです。真冬の外出時に素足はかわいそうですが、冬でも暖房のきいた部屋のなかであれば、素足でも問題はないのではないでしょうか。

子どもたちがよく裸で過ごしていた我が家には、次のような笑い話もあります。

小さな子どもは、高いところに上りたがるものです。だからわたしの子どもたちには、「テーブルは本当は乗ってはいけないところだけど、自分の家だから特別だよ」と説明したうえで、テーブルによく上らせていました。よその家ではお行儀の悪いことはしない子たちだったので、家では特別に許していたのです。

子どもが一歳になり、立つことができるようになったある日の夕食時、事件は起こりました。

家族でご飯を食べている最中、子どもが裸で食卓テーブルに上って遊びはじめました。いつものことだと思い気にせずご飯を食べていると、おもむろにテーブルにしゃがみ込みました。

そして次の瞬間——。

その先はご想像にお任せしますが、見事にやっちゃいました。さすがに何度もあったわけではないですが、それくらい野放しに育てていたということです。

あまり過保護に考えすぎるより、親の目の届く範囲で解放させてあげるほうが、子どもも楽しく、ストレスなくのびのびと育ってくれることでしょう。

親が子どもに「あれもだめ」「これもだめ」と必要以上に注意していると、子どもはお友だちのお家など、親がいないところでいたずらや悪さをするようになります。子どもにとって一番安心できる家のなかでは、ある程度は解放させてあげると、かえって外ではいい子でいるものです。

子どもには太陽、水、土があればいい

子どもは手や足を通した感触だけでなく、においも敏感に感じようとしています。だから、できる限り自然のにおいを感じさせてあげてください。

ルームフレグランスや香水を好まれる方もいると思います。しかしまだお子さんが赤ちゃんのときは極力避けてあげたほうがいいでしょう。香りのついた柔軟剤もありますが、強い香りは衣類についてしまいます。同じく使用を控えてあげるといいでしょう。

自然のにおいは、どんなときに感じるでしょうか。

たとえば、晴れ渡る青空の下でお布団を干した際の太陽のにおい。

ふとん乾燥機で乾かしたのでは、まず感じられないですね。

ほかにも、雨の日の土のにおい、あぜ道に咲いたお花のにおい、森のにおい、川

や海のにおい……自然豊かな日本で暮らしていれば、日常の至るところで感じることができます。田舎で生活されている方はもちろん、都会に暮らす方でも少し意識すればいくらでも自然に触れることは可能です。

「子どもは太陽と水と土があればそれでいい」

幼稚園の先生をしていたわたしの姉は常々、そう言っていました。

小学校に上がるまでは勉強に力を入れるより、太陽、水、土のある環境で思いっきり遊ばせたほうが子どものためになるというのです。

泥んこ遊びは子どもたちの気持ちを解放させて、感じる心を育てます。幼少期に養った情緒や感覚、感性がベースとなり、人格が形成されていきます。親の考えで英才教育を受けさせるのもいいですが、幼少期は自然のなかで遊ばせて、心の土台づくりを大切にされるとよいのではないでしょうか。

おしめは一歳で取れるもの⁉

わたしは育児中、子どもたちには紙タイプではなく、布のおむつをさせていました。自分が嫌だと思うものを、子どもたちにさせたくなかったからです。

紙おむつをする赤ちゃんの気持ちが知りたくて、わたしは妊娠中に大人のタイプの紙おむつを試しに履いてみたこともあります。夏場だったので蒸れて気持ちが悪く、なんだかイライラした気持ちになりました。

同じく妊娠中、新生児用の紙おむつを自分の手に巻いてみたこともあります。やはり暑苦しくて、気持ちのいいものではありませんでした。紙おむつは赤ちゃんにとって最大のストレスになると、自分自身が体験することで実感したのです。

普段の日だけでなく、何日も泊まるような旅行に家族で出かけた際も布おむつをさせていました。ですから旅先ではおむつの洗濯がとても大変で、さらに交換したおむつを持ち歩くとニオイも出ますから、何重にもビニール袋に入れて対処するなどの工夫をしたものです。

七泊八日など長い旅もあり、たしかに大変ではありましたが、「この苦労が子どもの脳の発達にいい影響を及ぼすのなら何てことない……」と思い、子どものためにがんばることができました。いまとなってはとてもいい思い出です。


赤ちゃん自身が紙おむつにイライラしたり、暑苦しく不快な気持ちになったりすると、やがて赤ちゃんが成長して反抗期になったとき、当時のイライラした気持ちがあらわれてくるのではないかと思いました。赤ちゃんは自分の思いを言葉に出して伝えることができませんから、紙おむつのイライラを誰にも言えずに心の奥底に押し込み、反抗期の時期に一気に噴出してカッとなったりするのではと思ったのです。

実家は薬局なので、紙おむつはいくらでも手に入る環境でした。それでも自分が嫌なものを、子どもに経験させたくなかったのです。

とはいえ、最近の紙おむつは吸収性が抜群で、頻繁に交換しなくても快適なはき心地が続くようにできているようです。ママにとっては便利ですし、子どもにとってはおしっこやうんちの気持ち悪さをあまり感じることがありません。結果として、紙おむつから卒業する時期がずるずると遅れてしまうのかもしれません。

一方、幼少期から布おむつや裸で過ごさせていると、おしっこをした際の気持ち悪さを早くから感じさせることができます。だからでしょうか、わたしの娘は一歳のころにおしめがとれてしまいました。息子も二歳の誕生日のころにはおしめがとれました。もちろんその後もおもらしをするなど失敗はしていましたが……。

男の子のお子さんがいる場合、裸で過ごさせたときはおわかりになると思いますが、おしっこをするとぴゅーっと飛んでしまいますよね。我が家の場合、息子がまだ寝返りが打てないころはすごい勢いでおしっこが飛んでしまっていたので、裸で寝かせた体にタオルを一枚かけておきました。そうすれば勢いよく飛んでいくことはありません。本人もおしっこをした際の気持ち悪さを感じることができます。

そうやって、生まれたばかりのころからトイレを覚えさせていきました。

おむつが取れたあとは、しばらくトレーニングパンツをはいていた時期もあります。日中はトイレに行けたとしても、夜はおねしょをしてしまうこともありました。

それがいやで寝るときは紙おむつを使う方もいらっしゃると思いますが、「おねしょをしたらシーツを替えたらいい」という程度に気軽に考えていました。

とくに冬場は敷き毛布もすべて交換する必要がありましたから、我が家の洗濯の量は半端なものではありませんでした。さらに、わたしは子どもと添い寝をしていましたから、わたしのパジャマまでがベタベタになって夜中に着替えることが何度もあったものです。

親の立場で考えると大変かもしれません。ですが、労力が増える、費用がかかるなど親の都合で面倒を避けようとするより、子どもの気持ちになり、できる限り自然に近いかたちで過ごさせてあげてほしいのです。わたしも子育て中にそうしていましたから、参考にしていただければと思います。

楽しくトイレができる工夫を

紙おむつをはかせている場合、二歳を過ぎてもおむつが取れないお子さんもいらっしゃるでしょう。その場合、おまるを使われるといいと思います。

我が家では、まだハイハイをしているころから部屋におまるを置いていました。すると、自然とおしっこをするようになります。

子どもが自分でおまるを使えると、思いっきり褒めてあげます。すると子どもは「ここでおしっこするとお母さんが喜んでくれるんだ」と考えて、次からもできるようになっていくでしょう。

おまるを使われる場合、大切なことがあります。おまるを目立たない場所に置いてあげるのです。

子どもといえど、やはりトイレは恥ずかしいもの。家族が集まるリビングに置いていても、子どもは「パパやママに見られたら恥ずかしい」「におったらどうしよう」

と思っているものです。家族が集まる場所の近くの部屋など、子どもが安心できる場所を見つけてあげてください。

ちなみに我が家の場合、キャラクター別におまるを二つ用意していました。

「今日はどっちのおまるがいいかな?」

そうやって選ばせてあげると、子どもは楽しくトイレができるようになるはずです。

また、子どもが少し大きくなってくると、子ども用の補助便座を利用されることもあるはずです。しかし、トイレを我慢しているお子さんにとっては、大人用の便器のフタを開けて補助便座をセットし、その上に座るまで間に合わないこともあると思います。

そうした心配がある場合、お子さんには大人用の便座の上に反対向きになってそのまま座らせ、トイレをさせてあげてください。トイレの便座は手前側に向けて楕円のかたちが細くなっていますから、反対向きに座れば、お子さんの小さいお尻でも落ちにくいからです。

便器の近くにステップを置いておけば、お子さんはそれを利用してさっと座ることができるでしょう。お行儀が悪いと思われるかもしれませんが、お子さんがトイレをしやすいよう、ご家族でいろいろと工夫してみてください。

料理を手伝わせ、思いっきり褒めてあげる

お昼や夕飯の支度で忙しいときほど、子どもがくっついてきて大変だと思っているお母さんも多いのではないでしょうか。

早く料理をつくってしまいたいけれど、子どもが遊ぼうと言ってくるのではかどらない――そんなときは、子どもに料理を思いっきり手伝わせてあげてください。親子のコミュニケーションになりますし、食べ物を使った情操教育にもなります。

我が家の場合、三、四歳のころから子ども用の包丁を持たせて、実際に野菜などを切らせていました。二人とも経験させていましたが、どちらかというと、弟のほうが楽しんでいたように思います。

おもちゃの野菜をカットするようなおままごとセットもありますが、子どもにとってはやはり本物を切るほうが楽しいものです。本物の食材の見た目や手触り、におい、みずみずしさなどは、おもちゃではけっして感じることはできません。

子どもに料理の手伝いをさせると、切り方が不揃いになってしまいます。たとえば豆腐を切らせると見るも無残で、かたちがなくなるほどぐちゃぐちゃにしてしまいます。手で豆腐をつかむと気持ちがいいので、その感触を楽しんでいるのです。

自分のやり方で、きれいに料理をしたいと思われる気持ちもよくわかります。時間もなく、後の掃除や片づけが面倒だという気持ちもあるでしょう。ですが、子どもの無邪気なお料理体験は感覚を養ううえで、とても貴重です。できる限り面倒だとは思わず、思い切り遊ばせながら手伝わせてあげてください。

子どもに料理体験をさせる場合、大切なことが二つあります。

一つは、お手伝いできた際に思い切り褒めてあげること。そしてもう一つは、子どもが切ってくれた食材は、いくら不揃いでもそのまま使ってあげることです。

豆腐が跡形もなく崩れてしまっても、「ありがとう」と言って、お味噌汁などに入れてあげます。お父さんも「ママのお手伝いができて偉かったね」と褒め、「とってもおいしいよ」と喜んで食べてあげましょう。認められ、褒められることで子どもは自信を持ち、もっとがんばって喜んでもらいたいと思い、すすんでお手伝いができる子に育っていきます。

おもちゃのお片づけも子どもと一緒に

料理だけでなく、子どもにはいろいろなお手伝いをぜひさせてあげてください。

たとえばお母さんが洗濯物を畳《たた》んでいるとき、子どもがぜんぶひっくり返してしまったりしませんか？

「あと少しで終わりだったのに、なにをしてるの！」とつい声を荒げてしまうかもしれませんが、そうやっていたずらをしてしまうのには理由があります。子どもながらに、お母さんのお手伝いがしたいと思っているのです。

洗濯物を畳んでいる際に子どもがやってきたら、「いっしょに畳もうね」と言ってお手伝いをさせてあげましょう。

ぐちゃぐちゃになったり、お団子にしてしまったりすることもあるはずです。それでも必ず、「じょうずにたためたね」「お母さんとっても助かった。ありがとう」と褒めてあげます。

そして、子どもが畳んだままの状態で、所定の場所に洗濯物をしまうところを見せるのです。子どもは「お母さんの役に立てた」と思い、自信を深めるようになります。

子どもの目の前で洗濯物を畳み直したりしないでください。その姿を見た子どもは、お母さんに迷惑をかけてしまったと思うからです。

それに輪をかけて「今度からこうやって畳みなさい」と注意すれば、子どもは洗濯物を畳むのは楽しくないと思いますし、「どうせお母さんがあとでやり直すんだから」と自信もやる気もなくして、お手伝いをしてくれなくなるかもしれません。

お子さんを成長させる工夫として、たとえば子どもが畳んだ洗濯物を入れる引き出しと、お母さんが畳んだ洗濯物を入れる引き出しを分けるといいかもしれません。子どもは、お母さんのほうの引き出しを開けると洗濯物がきれいに並んでいることに気づき、「わたしも（僕も）お母さんのようにきれいに畳みたい」と思って真似をしてくれるようになる場合があります。

繰り返しになりますが、子どもがお手伝いをしてくれたとき、「下手くそ」「そんな畳み方はダメ」「そうじゃないでしょ」などと否定する言葉はどんな場合でも絶対に使わないでください。子どもは物事を否定されたとは受け取らず、自分自身の人格を否定されたと思ってしまうからです。それが子どもにとって大きなトラウマになってしまいかねません。

子どもは遊びを見つける天才です。家のなかのものすべてが遊び道具になり、自分なりの楽しさを見つけていきます。

たとえばティッシュを夢中で引っ張り出しているときがありませんか？　ティッシュが次々と出てくるのが楽しいのです。

その際も頭ごなしに叱るのではなく、「遊んだあとはちゃんとお片づけをしようね」と先に言っておきます。そしてすべて出してしまったあと、子どもと一緒に一枚ずつ畳んで箱のなかにしまっていきます。

何十枚もあるので畳むのは大変ですし、すぐ止めさせるのは難しいと思いますが、子どもは「この遊びをすると、お片づけが大変だ」と学び、少しずつそれをしなくなって別の遊びを求めていくでしょう。

子どもがおもちゃで遊んだあとも同じで、一緒にお片づけをします。時間がかかってもいいので、子どものペースに合わせる余裕を持つことです。何度もお片づけをしていると、だんだんと上手になってくるでしょう。

お料理でもお片づけでもそうですが、親が自分でやってしまったほうが早いし楽です。しかしそれでは子どものやる気の芽を摘み、成長する機会を奪っていることになります。完ぺきを求めず、できる限り子どもにお手伝いやお片づけをさせてあげる。そうすることで子どもの自信とやる気を育てることができるのです。

危険な遊びを通して生きる術《すべ》を学んだ

体験させる育児について書いてきましたが、最後に、わたし自身の子ども時代の経験について触れておきたいと思います。三章でも紹介していますが、小さいころのわたしはお転婆で、いろいろな遊びをして過ごしていました。

春は友だちとオタマジャクシをとりにいき、田植えの季節には田んぼのなかに入って、生き物を夢中になってつかまえていました。二章ではわたしの息子が田んぼに入って近所の人に迷惑をかけたエピソードを紹介していますが、わたし自身もかつて小さなころに同じことをやっていたのです。

当時、わたしが住んでいた場所は田舎で、まわりには田んぼがたくさんありました。ですからどの田んぼに誰が入っていたのか、見分けることはできません。わたしは親に打ち明けず、親も田んぼの持ち主に謝りに行くというようなことはなかったと思います。いま考えると農家の方に大変申しわけないことをしたと思います。

そのほか夏はカブトムシ、秋になればコオロギを友だちと一緒にとりに行くことが日課のようになっていたものです。

そうしたなかでも、いちばん記憶に残っているのが川遊び、山登りです。

わたしの実家のすぐ下が川でしたので、水着を着て麦わら帽子をかぶり、そのまま川まで下りて泳いだりして遊んでいました。川に下りるためには草むらにわけ入って進む必要があったので、親から長い棒を渡されて前方を叩きながら歩いていました。ヘビが出てきて危険だったからです。

同じヘビでも、青大将など毒を持っていないヘビは逃げていくので安心です。それに対して、マムシなど毒を持ったヘビは、ポーンとジャンプしてこちらに飛びかかってくるのでとても危険です。

草むらを叩きながら友だちと歩いていたとき、実際にわたしのほうにマムシが飛んできたことがあり、「逃げろー!」といっせいに逃げたこともありました。

川遊びではそのほか、アブにも注意していました。アブは川や水田などきれいな水の多い場所にいる虫で、刺されるとものすごく痛いのです。

わたしはハチにも刺されたことがありますが、そのハチより激しい痛みに襲われるので常に警戒していました。川で遊んでいる際にアブが飛んでくると、すぐ川に飛び込んで頭までつかり、アブがどこかに行ってしまうまで水中で息を止めじっと待っていたほどです。

山登りはさらに危険で、まさにサバイバルと呼べるほどの体験でした。

山に登るといっても、整備された山道があるわけではありません。ときには木の根っこにつかまりながら、崖《がけ》をよじ登るように頂上を目指す、そんな大冒険でした。

それほど大きな山ではなかったのですが、頂上にたどり着いたときの達成感は格別でした。その気持ちを味わいたくて、小学校の十人ほどの友だちと一緒に土曜日の午後はよく山に登っていたのです。

ですが、「行きはよいよい帰りはこわい」というように、山を下りる難しさを痛感しました。木の根やツルにつかまりながら下りるのですが、足を滑らせるとそのままズルズルと落ちてしまいます。山は登りより下りのほうが難しいということを、身をもって体験しました。

友だちと山を登るとき、わたしの実家は薬局だったこともあって、いつも救急箱を親より持たされていました。そしてハチに刺されたときの処置など、山の怪我の対処法をひと通り教えられて山に入っていたのです。ただし、マムシに噛まれた際は噛まれた上部を手ぬぐいできつくしばって、子どもたちだけで対処せず、急いで山から下りて誰かを呼びに来るよう教え込まれていました。


川遊びのあと、山づたいに帰ったこともあります。

友だちと川に入って夢中で遊んでいるあいだに上流まで行ってしまい、夕方になって水かさが増して川の形がすっかり変化してしまったため、川原がなくなり帰れなくなったことが何度かあります。泳いで帰ったときもありましたが、水が深くて怖かったので、次からは山の崖をよじ登り、山のなかを歩いて帰ることにしたのです。

もちろん山道があるわけではなく、だいたいの方向を確認しながら、子どもたちだけで道なき道を進んでいきます。まったくの自然の山の中ですから、谷や沢に出くわしてそれ以上前に進めなくなるような状況もありました。

山仕事をする人が沢や谷の上に通した丸太を渡ったこともあります。一本の丸太が横に倒してあるだけですから、足を滑らせて落ちれば谷底に真っ逆さま、まさに命がけの状況です。

そのほか、橋の細い欄干《らんかん》の上を綱渡りのようにして歩いて遊んだりもしていました。橋の下はデコボコの岩があったり、川が流れていたりしますから、丸太と同じく命がけです。いま考えるとこわい経験ですが、子どものときは格好の遊び場だったのです。

ちなみに、その後、高校の体育の時間での平均台を使った体操で、バランス感覚がよいと先生から褒められたことがあります。丸太や欄干などの細い場所で、危険をかえりみず遊んでいた経験も役に立たなかったわけではないなと思ったものです。

また、当時住んでいた地域の家には石垣があり、その石垣の上から飛び降りて足を痛めた経験もあります。友だち同士で一人ずつ飛び降りていくのですが、石垣はわたしの身長よりも高くて恐怖を感じました。ですが「みんなが飛べるんだからわたしもできる」と意地になり、飛び降りた瞬間、足がピリピリとしびれてしまったのです。

わたしは同級生のなかでも背が低い方でしたが、「自分より背の高いところから飛び降りてはいけない」という教訓になりました。同時に、自分にできないことは「無理」だと言える勇気も持てるようになったと思います。

いまでもたまに、石垣から飛び降りるのをこわがっている夢を見るほどです。当時の経験がまだトラウマになって心に残っているのかもしれません。

子どものころには、花火でもよく遊びました。友だち同士でバケツに水を入れ、近所の空き地でねずみ花火などをしました。大人にとっては何でもないことでも、子どもながらに「どうしてこんな色が出るんだろう」「どうしてこんな動きをするんだろう」と、とても不思議で、見ていて飽きないのです。

花火で遊んでいたある日、火の粉が落ちて草が少しだけ燃えたことがありました。慌ててバケツの水をかけて大事には至らずに済みましたが、「火事ってこうやって起きるんだ」「風が強いと一気に燃え広がるんだ」と、危険を通して学びました。

ここで紹介した川遊びや山登りは、当時は普通だと思っていましたが、いま振返ると大変危険なことをしていたのだなという思いです。

しかし、自然のなかで学んだ経験がいまのわたしの人生に大きな影響を与え、肥やしになっているのはたしかです。生きる力や生きる術《すべ》を自然から学ばせてもらったと思います。

第二章　見守る育児

叱るほど、才能の芽が摘まれていく

外出先で、子どもにガミガミと叱っているお母さんを見かけるときがあります。様子をみてみると、ほんの些細な理由で叱っているケースが少なくありません。

以前、スーパーで子どもが好きなお菓子を持ち、お母さんの買い物かごに入れているのを目にしました。子どもは純粋に食べたいと思っただけでしょうが、お母さんは「これは買わないよ！　戻してきなさい！」と強い口調で叱りました。

子どもは「はーい」と返事して、素直に言うことを聞いているように見えます。ですがそれ以降、心にシャッターをおろして、お母さんの言葉が耳に入らなくなっているように感じました。いつも怒られるので、何か注意されたら反射的に聞かないようになってしまっているのでしょう。

こういう場合、なぜ買わないのかという理由をきちんと説明し、子どもが納得したうえで、お菓子をもとの場所に戻しにいく方がいいと思います。

お母さんに知っておいてほしいことがあります。子どもは才能の芽をたくさん持っているということです。

それは好奇心としてあらわれたり、ときにいたずらとなってあらわれたり……才能の芽はあらゆる方向から子どもを刺激し、行動力となってあらわれています。それを頭ごなしに叱りつけてばかりいると、たくさん出ている才能の芽をどんどん摘んでしまうことになります。

「これをやったらお母さんに叱られる」

「お母さんが怖いからじっとしておこう」

子どもは、そんなふうに考え、自分の興味関心よりも、親の顔色をみて行動するようになっていきます。

せっかく才能の芽がたくさんあるのです。お母さんのガミガミですべて刈り取られてしまうと、最終的には、いい子だけれど本心が出せない、自信がない、本人の天性が活かせない、そんな子どもに育ってしまいかねません。

あるいは、親が注意ばかりしていると、（すべての子どもがそうなるわけではありませんが）必要以上に用心深く、猜疑心の強い子どもに育ってしまう可能性もあります。

叱るより、理由を説明するほうが大事

しつけはもちろん必要です。ですが、感情的に叱ったり、怒ったりする必要はないと思っています。しつけは、叱るよりも理由を説明するほうが大事です。

なぜそれがいけないのか、なぜそれをしないといけないのか。その理由を親の言葉できちんと説明し、子どもに自分の頭で考えさせてください。自分で納得して理解すれば、子どもは親の言うことを聞くようになります。

親が叱る理由を子どもが理解できない場合、子どもは親にいじめられていると感じ、親を敵だという気持ちが芽生えてしまう可能性もあるのです。

子どもに理由を説明するときは、「お母さんだってそういうところがあるからね。

一緒に直していこうね」と、共に成長する姿勢で話をしてあげるといいでしょう。
そうやって伝えることで、「お母さんも同じなんだ」と子どもに安心感を与えられます。子どもを安心させ、お母さんと一緒にがんばろうという気持ちにさせるような伝え方ができれば、子どももやる気を出して、自分から叱られたところを直そうとしてくれるはずです。

理由の説明なく、頭ごなしに怒られると腹が立つものです。子どもに限らず、大人でもそうでしょう。相手が間違っているとき、それを正そうとするときの伝え方は本当に難しく、言い方によって相手がやる気をなくしたり、恨みをかってしまったりする場合があります。相手の共感を得て、相手も励まされるような伝え方を心がけましょう。

そうした配慮をせず、理由の説明もなく子どもを叱り続けていると、子どもは親のいる前でだけ、いい子を演じるようになっていきます。親からすると一見、扱いやすい子どもに成長したと感じますが、実際は親の見ていないところで悪さをしているかもしれません。親に口うるさく言われるのが嫌なので、いい子に振る舞っているだけであって、親がいなければそうした自分を演じる必要がないからです。

さらに、親が常に叱りつけて子どもをコントロールしていると、いつしか、家ではとても優しくていい子なのに、学校や職場などの外の世界で人間関係をうまく築けなくなってしまうかもしれません。家のなかでは親の言うことを聞いていればいいだけなので、指示がなければ動けない、考えられない、そんな人間に育ってしまう可能性があるのです。親を憎んでしまう子もいます。

どうか、叱るのではなく、言い聞かせて、納得させる子育てを心がけてほしいと思います。

どんな成績でもほめる！

子どもの成績は親ならどうしても気になってしまいます。でも、通知表などの評価がどんな結果でも、絶対に叱ったりしてはいけません。わたしは息子に、「これは学校の先生のたまたまの評価だから、あてにならないね。毎日あなたと一緒にいるお母さんからの評価は、オール5だよ！　休まずがんばったもんね！」と、どんな成績でも必ずほめていました。

けっして、できなかったことをとがめたり、怒ったりしないでください。それよりも、できること、できたことをほめちぎりましょう。それは必ず子どもの将来の自信につながります。

子ども本来の才能の芽を伸ばそう

親は子どもに「ああなってほしい」「こうなってほしい」と期待を抱いてしまうものです。いい子になってほしい、幸せになってほしいと期待をかけるからこそ、子どもの間違いを直そうとして、ガミガミ叱ったり、あれこれ指示したりするのです。

ですが、親が子どもに期待し過ぎるのは、それだけで子どもの才能の芽をつぶす可能性があります。たとえば、本人の意思ではないのに、むりやり塾や習い事に通わせると、かえって子どもの心の成長が妨げられる場合があります。

有名小学校へ入学させようと、お受験のために熱心に塾に通わせていれば、確かに勉強はできる子になるかもしれません。

しかし、本来なら勉強以外に幼少期に学んでいなければならないことが学べていないため、心にひずみが生じ、大きくなってから人間関係に苦しんだり、社会に出てから打たれ弱い人間になってしまったりします。

また、悩みを抱えて、ストレスをためやすくなってしまうこともあります。

これは、幼少期に本人がやりたいと思ったことができなかったため、勉強以外の経験ができなかったために、人間力がついていないからなのです。

また、こうした経験は、親へのトラウマを持たせてしまう可能性もあります。

子どものなかに「やりたくないことをやらされた」という感情があると、心の奥底で親を恨む気持ちが残ってしまう場合があるのです。

子どもが生まれたときから親がレールを敷き過ぎると、子ども本来の才能の芽を摘んでしまうかもしれない、ということを覚えておいてください。

ジュースをこぼした際のとっておきの対処法

離乳食から一歩進み、自分で少しずつ食べたり飲んだりできるようになると、ジュースや水などの飲み物をよくこぼすと思います。そのたびに「またこぼして。ダメじゃないの！」と叱っているお母さんもいると思いますが、そもそも生まれて一、二年で大人と同じようにできるはずがありません。ジュースをこぼしてはいけないという考えではなく、こぼして当たり前という気持ちで見守ってあげてください。

食事中に子どもがジュースをこぼした場合、わたしはこれにも何か意味があると思い、「こぼしちゃったね」と言いながら、子どもに好きなようにさせていました。するど子どもはこぼしたジュースで遊びはじめます。手でパンと叩くと、ジュースがまわりに飛び散るのが面白いのでしょう。きゃっきゃと笑いながら何度も叩いてジュースで遊んでいました。

そうなると机の下にもジュースがこぼれますし、子どもの服も汚れてしまいます。でもあとで壁や床を拭き、服やカーテンを洗えばいいと思っていたので、好きなだけ遊ばせていました。

見ていると本当に楽しそうなので、注意してやめさせるのが何となくかわいそうだったという思いもあります。わたし自身も子どものころにさんざんそうした遊びをやってきたので、楽しい気持ちがよく理解できるのです。

危険なことでもない限り、子どもが楽しいと思う遊びはできる限り満足するまでさせてあげるといいと思います。

ただし、ジュースの場合は「自分でわざとこぼして遊んではいけませんよ」と伝えていました。「ジュースで遊べるのは、たまたまこぼしちゃったから。面白いからといって自分でこぼしてはいけませんよ」と言い含めていたのです。

さらに、ジュースができるまでにどのような果物を使い、どれほど多くの人が生産に関わってきたのか、食べものの大切さを何度も説明しました。

果物は大地と太陽の恵みです。多くの恩恵を受けてできている大切な食べ物や飲み物を粗末にしてはいけないことを繰り返し説明したのです。子どもも納得し、五歳のころからこうした遊びはまったくしなくなりました。

遊んでいいときと、いけないとき、それぞれの理由をきちんと伝えてあげるのも親の役目だと思います。

目を見て理由を聞き、相手の気持ちを説明する

わたしの子どもたちは少し大きくなってからも、いろいろないたずらをして遊んでいました。前項でもお伝えしたように、わたし自身も両親から数々のいたずらを認めて育ててもらっていたので、その楽しさはよくわかります。ですから、子どもたちがいたずらをした際も、頭ごなしに叱るようなことはいっさいありませんでした。

息子が小さいころによくやったのが田んぼ遊びです。田植えが終わったころの田

んぼに友だちと入り、オタマジャクシや小魚、ザリガニなどの小さな生き物をつかまえるのです。

子どもたちは夢中ですから、次第に田んぼの真ん中まで入っていってしまいます。結果として田んぼを荒らすことになってしまい、近所の方からたびたび苦情が寄せられることになってしまいました。そのたびにわたしは菓子折りを持ち、田んぼの持ち主のご自宅に出向いて平謝りに謝っていたのです。

それでも息子を叱ったことはありません。

まず子どもの目を見てにっこりと笑い「なぜ田んぼに入ってしまったの?」と気持ちを確認します。すると息子は自分が悪さをしたとは思っていないので、とても楽しそうに、自慢げに話して聞かせてくれます。生き物を追いかけていたのがどれほど楽しかったか、生き生きと説明してくれるのです。

田んぼの真ん中にまで入ってしまったのには、本人なりに理由がありました。最初は端っこで遊んでいたけれど、生き物がどんどん逃げていったので、それを追いかけているうちに真ん中まで入ってしまったというのです。

田んぼで遊ぶ楽しさを伝えようと一生懸命に話す子どもの言葉を聞いていると、叱る気持ちにはなれないものです。「そうなんだ」「理由があってそうしたんだね」と受け入れたあと、「でもね」と話を切り替え、大切なことを次のように説明していました。

「田んぼにはお米がつくってあって、そのお米はわたしたち人間が生きていくために大切な食べ物なの。田んぼに入って遊んじゃうと、お米が育たなくなってしまって、一生懸命に育ててくれている人が悲しい思いになってしまうの。だから田んぼには入らないようにしようね」

意識して伝えていたのは、子どもがしたことで困ったり、悲しい気持ちになったりする人がいるということ。子どもの行動を否定するのではなく、その行動によって誰にどのような迷惑をかけたのか、相手の気持ちを説明するようにしていたのです。

こうして子どもに話して聞かせたうえで、「今回のことはお母さんがお詫びに行ってくるからね」と伝えて謝りに出向いていました。

叱るのではなく何度も話し合い、人に迷惑をかけてしまったことを理解させることで、次第に田んぼに入って遊ぶといったようないたずらは自然としなくなっていきました。

子どもは田んぼだけでなく、近所のドブやミゾに入ってザリガニをつかまえたりする遊びも大好きでした。その泥だらけの姿でお友だちの家に遊びに行き、お風呂に入れてもらったうえ、お友だちの服を借りて着替えさせてもらい帰宅することもよくあったものです。

我が家にお友だちが遊びに来た際も同様です。泥だらけのお友だちをお風呂に入れ、息子の服を着せて送り出すような交流をさせていただいていました。

そのほか、息子は当時住んでいた一軒家の白い外壁の一面に、習字道具で落書きをしたことがあります。墨汁をつけた筆を持って「アートだ！」と言いながら絵を描いてしまったのです。

その際も頭ごなしに叱るのではなく、「楽しく描けたね」と受け入れたあと、「じゃあ今度は描いた絵をお水で全部きれいに洗いましょうね」と言って息子一人で掃除をさせました。

子どもも納得し、夕方から夜の八時過ぎまで四時間ほどかけて壁をきれいに掃除してくれました。よほど大変だったのでしょう、外壁の落書きはたった一度きり！

それ以来、二度としなくなりました。

子どもの大泣き、親が動揺してはいけない

外出時に子どもが大泣きして、困っているお母さんは多いのではないでしょうか。とくに声の大きなお子さんの場合、レストランやスーパーなどの店内で泣きわめくと、その声が室内に響き渡ることもあります。

「まわりの人に迷惑をかけるのではないか」

「早く泣きやませろと思われているのではないか」

「子どものしつけができていないと思われるのではないか」

どんどん不安になり、冷や汗が出てくるものです。

子どもが泣くのは当たり前です。何か理由があり、その場で泣きたいから泣いているのです。特別なことではありませんし、たいていの大人はあたたかく見守ってくれています。


外で子どもが大泣きしたとき、大切なのは親が動じないことです。

「どうしよう、どうしよう」と動揺すると、その焦りが子どもに伝わってしまいます。親の様子がいつもと違うと、子どもは「もっと泣かないといけないんだ」と思ってしまいます。

子どもが泣くと、残念なことですが露骨に嫌な顔をする人もいるでしょう。それでも親は動じることなく、でんと構えていてください。そして迷惑をかけてしまっていたなら、まわりの人に親が頭を下げて謝ればいいのです。

親の毅然とした対応を子どもに見せるのは大切です。親がいつも通りの態度でいてくれると、子どもは自分が泣いているのはたいしたことではないのだと思い、意外とすんなり泣き止んでくれたりします。

ただし、子どもが泣くのには何か理由がありますから、なぜその状況で泣いたのか、心の状態も含めて真剣に考えてあげてください。原因をできる限り特定し、同じ状況になった際にお子さんが泣き出さないよう、次へとつなげていくことも大切です。

赤ちゃんの場合は、お母さんの心と連動して泣き出す場合も多いです。お母さんが不安な気持ちになっていたり、子育てを面倒だと思っていたりすると、余計に泣いてしまうことがあります。ご自身の心の持ち方を意識するようにしてください。

まわりが気になって子どもを無理やり連れて帰るという人もいるかもしれませんが、それは親自身が恥ずかしさから逃れたいという、自分の面子《めんつ》を考えた行動といえます。まわりの人には頭を下げて謝ればいい、だからあとはもう好きなだけ泣けばいい、そうやって親が余裕を持つことができれば、心がすっと楽になるはずです。

また、親が謝る姿を見せることで、子どもは「お父さんお母さんに迷惑をかけてしまった」とわかります。これ以上迷惑をかけないようにと考え、早く泣き止んでくれることもあるでしょう。

親の面子や都合を優先せず、子どもの気持ちを第一に考えてあげる。すると子育てがずっと楽になり、楽しめるはずです。

床に落ちたおにぎり、食べたっていいよ

最近は清潔志向の高まりを受けて、身のまわりの除菌をすすめる風潮があるように思います。ですが、過度な除菌はかえって赤ちゃんの健康を損ねてしまう可能性があります。

わたしたちが食べたものを消化してくれているのは、唾液や胃液に含まれる消化酵素だけではありません。腸内にたくさん住んでいる細菌が消化を助けてくれています。

この腸内細菌の種類は生まれてから過ごす環境で決まります。一説によれば、生

まれたあとの一年間で腸内細菌の種類が決定するともいわれています。だから赤ちゃんはいろんなものを口に入れて、菌を体のなかに取り込もうとしているのです。適度に菌がいる環境で過ごしたほうが免疫力も高まっていきます。

生まれてから過度に清潔な空間で過ごしてしまうと、腸内細菌の種類が増えず、また免疫力も弱くなってしまう可能性があります。普段過ごしている生活環境は清潔な場所ばかりではありませんから、無菌状態で育ってしまうと環境変化に弱い体になってしまいかねません。

わたしの子どもが保育園のころ、お弁当のおにぎりをお箸で食べているお子さんがいました。お母さんから「手にはバイ菌がたくさんついているから、おにぎりを手で食べてはいけませんよ」と言われていたそうです。お箸でおにぎりを食べるお子さんの姿を見て驚くとともに、何とも言えない気持ちになりました。

わたしは、食べものが床に落ちても、フッと口ではらって食べるくらいのおおらかな育て方をしたほうがいいと思っています。人間の体には、多少菌が入ってもそれをやっつけようとする免疫機能がちゃんと備わっています。手を洗わずにおにぎりを食べたからと言って頭ごなしに叱るほうが、心によくないと思うのはわたしだけでしょうか。

わたしが小さいころはいろいろなものを口に入れて、身をもって学んでいったものです。驚かれると思いますが、小さいころには紙を食べてみたこともあります。実家の隣の人がヤギを飼っていて、お習字の帰りに与えた半紙をそのヤギが美味しそうに食べる姿を見て、「紙ってどんな味がするんだろう」と興味を持ったのです。そこで半紙やちり紙を〝味見〟してみたのですが、もちろん美味しいわけがありません。さらに新聞紙を食べてお腹を壊し、「半紙みたいな白い紙はお腹は壊さないけれど、新聞紙のような文字の印刷された紙はお腹が痛くなる」と子どもながら理解しました。（紙を食べたといっても大量にではありません。紙をのどに詰まらせてしまう危険がありますから絶対に真似をさせないでください）

紙だけでなく、土を食べてみたこともあります。

わたしが小さいころにお祭りで買ったヒヨコが成長し、そのまま鶏《にわとり》を家で飼っていた時期があります。その鶏がクチバシで土をつついているのを見て、「土を食べているんだ」と思ったのです。鶏は土のなかの虫を食べたり、土から塩分を摂ったりしているそうですが、幼いわたしにはそうした理由はわかりませんから、土をつかんで口のなかに入れたのです。ジャリジャリしてとても不味《まず》く、飲み込めるものではありませんでした。

いまの時代は鳥インフルエンザの危険もありますから絶対にしてはいけないことですが、そのとき、土は食べられないし美味しくもないと学びました。

ほかにこんな経験もあります。

イチゴ味のペロペロキャンディ（棒がついた飴）を舐めているとき「和ちゃんお風呂だよ～」と言われ、お風呂の外の手洗い場に舐めかけの飴を置きました。そして、しばらくしてお風呂から上がり、飴を手に取ってパクリと口に放り込んだのです。

すると様子が違います。甘かった飴がすごく酸っぱく変化しているのです。

不思議に思って飴を口から出して見てみると、イチゴ味のピンク色だった飴が真っ黒になっていました。なんと、大量の蟻《あり》がたかっていたのです。お風呂に入っているときもずっと食べかけの飴のことが気になっていて、上がるや否や、飴の状態を確認することなくすぐ口に入れてしまったので、蟻に気がつかなかったのです。

口のなかが蟻だらけで本当に気持ちが悪かったのですが、父がすぐにうがいをさせてくれたので何とか事なきを得ました。大変な経験でしたが、(学びというのはさておき) 蟻は酸っぱいんだなということが分かりました。

ハエが長くたかっていた野菜を食べてお腹を壊したこともあります。あとで親に言われて知ったのですが、ハエが食べ物に長くたかっているときは卵を産み付けているときだそうです。いまの時代は食卓でハエが食べものにとまることは少ないかもしれませんが、ハエが長時間とまっていたものは食べてはいけないという学びになりました。

そのほか、牛乳が腐ると酸っぱくなったり、ヨーグルトのようにドロドロになったりするというのも、自分が間違って飲んでお腹を壊すことで理解しました。昔はいまほど賞味期限や消費期限が明記されていない食べものも多く、まさに五感が養われたのです。

ここで紹介したエピソードはわたしだけのことではなく、当時の子どもたちは多かれ少なかれ同じような経験をしていたはずです。ときにはお腹を壊したりしながら、生きる力のようなものを身につけていったように思います。

子どもの体は親が守る

日本では、赤ちゃんが生まれて数ヶ月の時期から予防接種を受けるのが一般的です。とくに生まれた直後は病気に対する免疫力が弱いため、いろいろな予防接種を受けて病気から赤ちゃんを守ろうというのが目的です。

国が勧めている定期接種と、希望者が受ける任意接種の両方をあわせると、予防接種の数は数十種類に及びます。予防接種の数が多すぎて、お母さんたちは受ける時期を把握するだけでもひと苦労ではないでしょうか。

じつはわたしの場合、二人の子どもたちには三歳ごろまで予防接種を受けさせませんでした。三歳を過ぎてから、必要だと思ったもののみ、何種類か受けさせた程度です。

保健センターの方が予防接種の案内の連絡をくださることもありましたが、「すいません、子どもが熱を出しちゃって、今回は遠慮させていただきます」などと言って延ばし延ばしにしていました。受けていない予防接種を知らせる通知が保健所から常に送られてきて、何となく非国民みたいな扱いだなと寂しい気持ちになったのを思い出します。

なぜ子どもたちに受けさせなかったのかといえば、わたし自身が予防接種で命を落としかけた経験があるからです。

わたしがはじめて予防接種を受けて帰宅した後、なぜか体がどんどん冷たくなっていきました。ガタガタとふるえるわたしの変化に最初に気づいたのは祖父です。祖父は冷たくなっていくわたしを掘りごたつに入れて温めながら、体に気(パワー)を送ってくれました。

薬剤師だった祖父は思想家の中村天風先生のお弟子さんでもあり、天風先生とともに滝に打たれて瞑想するといった修行を経験してきた人でした。その祖父の介抱の甲斐あって、わたしの体は次第に温かくなり、一命を取り留めたのです。

その後、体調はよくなったのですが、念のために近くの医院にかかったところ、お医者さんは「この子は注射があわないですね」と言ったそうです。

わたしの兄もそうでした。幼いころ日本脳炎の予防接種を受けたところ高熱が出て、予防したはずの日本脳炎と同じような症状になってしまったのです。すぐ病院にかかったところ、やはり医師の診立ては「注射があわない」ということだったようです。

わたし自身、そして兄が予防接種で危ない目にあっていたため、自分の子どもに予防接種を受けさせるのには大きな抵抗があったのです。

そういう理由もあって、わたしは受けていない予防接種が多いのですが、幼少期に感染症にかかったことがありません。兄弟や友だちが麻疹《はしか》や水疱瘡《みずぼうそう》、風疹《ふうしん》、おたふくかぜになった際、近くに寝かされたり一緒に遊んだりしていましたが、まったくうつりませんでした。

子どもの体を守るのは親しかいません。

予防接種はそれぞれ効果が期待されていますが、一定の割合で副作用のリスクを伴っています。みんな受けているという理由だけで予防接種を子どもに受けさせていると、子どもを危ない目にあわせてしまう可能性がないとも言いきれません。

二〇一三年春に子宮頸がんワクチンが定期接種の対象になりましたが、その後、副作用を訴える人が続出し、厚生労働省の検討会によって「中止はしないが、推奨もしない」という非常にあいまいな見解が示されました。

厚生労働省が検討会に示した資料によると、「子宮頸がんワクチンの販売が開始された二〇〇九年一二月以降、二〇一三年三月末時点の副作用報告は一九六八件。接種者数でみると、一万人に一人から二万五千人に一人の割合」とされています。

副作用の内容は、全身の痛みや月経異常、体のふるえ、過呼吸、歩行困難、下痢、記憶障害などで、現代の医学では説明できない症状が次々と報告されたようです。

さらに高次脳機能障害やけいれん、意識レベル低下といった重篤症状に悩まされている方もいらっしゃいます。運動障害が残るといった重篤の報告数は、インフルエンザワクチンの約四〇倍にのぼったとの報告もあります。

接種を呼びかけてきた自治体にも戸惑いが広がりました。

定期接種になったので市民に案内を出してきたのに、副作用が続出したので積極的な推奨はしないということになった。でも中止になったわけでもないので、仮に接種を希望する人がいれば、どうやって説明すればいいのだろう――そんな対応の難しさがあるようです。結果として、接種を希望する人は医療機関でワクチンの有効性と安全性について説明を受け、十分に理解した上で接種してください、といった表現をするしかないようです。

わたしの娘が高校のとき、子宮頸がんワクチンを接種するようにと学校から言われていました。ですが、娘が「絶対に受けたくない」と頑なに嫌がったので受けさせませんでした。まだ副作用の問題が表面化する前でしたが、わたし自身もこのワクチンはやめたほうがいいなと感じていたことに加えて、娘がそこまで嫌がるのには何か意味があると思ったからです。

また、同時期、わたしがゲスト出演する講演会で参加者の方から「子宮頸がんワクチンの接種を国が勧めていますが、子どもに受けさせたほうがいいのでしょうか」という質問を何度かいただきました。

当時は国が推奨していたときでしたから、「受けてはだめです」と断定する言い方はできませんでしたが、自分の娘には受けさせなかったこと、わたし自身が幼少期に予防接種で命を落としかけた経験があること、この二つをそのつどお伝えさせていただきました。

その上で、「あとは親御さんのご判断にお任せします」という言い方をしていたのです。

国が推奨したワクチンでさえそうなのですから、では誰を信じて予防接種を受ければいいのでしょうか。

とくに乳幼児や小さなお子さんは自分で受ける・受けないの意思表示ができませんから、やはり親が守ってあげるしかありません。

二〇一二年、岐阜県関市内の小学校に通う小学五年生の男の子が、日本脳炎の予防接種を受けた直後に亡くなりました。

男の子は予防接種を受けるのがいやで、診察室から飛び出したそうです。ところが待合室で取り押さえられて注射を打たれ、その直後に容体が急変、ショック症状を起こして意識不明になったとニュースで知りました。

この男の子は、注射を打つとこうなるのがわかっていたのです。だから必死に逃げたのにもかかわらず、それを取り押さえてまで打つというのは、本当に気の毒で言葉もありません。

予防接種や注射を受けるとき、子どもが異常に泣き叫ぶときがないでしょうか？

その場合、親が子どもを守る意味でいったん注射はやめて帰宅し、様子を見守るといった判断も必要だと思っています。

あるいは、物事の判断がつく年齢のお子さんであれば、「注射を受けるのをどう思う?」と気持ちを聞いてあげてほしいのです。子どもは純粋な心を持っています。子どもが「こうしたい」と言ったひと言が正しいことが少なくありません。

その子どもの反応を見ながら、親としても直感を働かせるのです。何かいやな予感がするなと思えば、思い切って注射や治療を見合わせるといった判断をされてもいいと思います。


わたしもそういう判断を常に心がけていました。自分の子どもを連れて病院に足を運んだものの、診察や治療を受けずに自宅に引き返したこともあります。

あるときは子どもが風邪をひき、薬をもらう目的で病院にかかりました。しかし先生が「脱水症状になりかかっていますね。点滴をしましょう」と言ったとたん、子どもがものすごい勢いで泣き始めたのです。

普段はあまり泣く子ではなかったので、その異常な姿を見たわたしは、子どもに

「いっぱい飲み物を飲もうね」と約束をして家に連れて帰ることに決めました。

「子どもがどうしても嫌みたいなので、本当に申し訳ないのですがいったん家に連れて帰って様子をみて、その後も調子が悪ければ今夜もう一度連れてきます」

そう説明したあと、何度も医師にお詫びをしながら病院を後にしました。

子どもは体に針を刺されるのが嫌だったようで、帰宅後は飲み物をたくさん摂ってくれて、脱水症状にはならずにすみました。

親の子どもを思う気持ちは強いものです。

母親の場合、妊娠中はお腹のなかで子どもとつながっていました。ですから、子どものことに関して働く直感は正しいことが多いのです。母親ならではの〝勘〟にも耳を傾けながら、ぜひお子さんを守ってあげてください。

点滴がいけないと言っているわけでは決してありません。もちろん医療が必要なときがありますし、お医者さんも患者さんのためを思って最善の処置をしてくださっています。

普段の子どもの様子と明らかに違った場合、冷静に判断されてほしいと思い、わたしの子どもの話を例にあげさせていただきました。

幼稚園や保育園、無理に通わせなくてもいい

幼稚園や保育園に通わせる際、子どもが嫌がって大泣きすることがあります。わたしは、子どもが嫌なら無理に行かせる必要はないと思っています。

わたしの場合は、家のすぐ近くに保育園があり、小学校や入学するときに同級生全員と一緒に入学できることもあって、その保育園に入園させたのですが、わたしの上の娘は保育園を嫌がり、四月からの最初の一ヶ月は毎日、娘が泣きながらの状態で連れていっていました。保育園に着いてもわたしから離れられず、わたしも一緒に朝のお遊戯に参加したこともあったほどです。

ですがストレスがかかったのか熱が続き、ヘルペス性口内炎にかかってしまいました。さらにそれが弟にも感染し、二人とも一時、入院してしまったのです。嫌な思いをしながら体まで壊し、そこまで拒絶する子どもを無理やり引っ張っていく必

要もないと思い、この子はまだ集団生活には早いと考えて、保育園は五月からいったんお休みすることにしました。幼稚園や保育園は義務教育ではないので、子どもの気持ちを優先してあげようと考えたのです。

保育園の先生には、「とりあえず一ヶ月お休みしたいので、給食をストップしていただけないでしょうか」とお願いしましたが、それはできないと言われました。無理なら仕方ないとあきらめて、「また泣かなくなれば連れてきます」とお伝えして休むことにしたのです。

保育園は自宅からほど近くの場所でした。だから昼間に家にいても、友だちが遊んでいる姿が見えたり、声が聞こえたりします。娘も気になりますから、散歩のついでに近くまで歩いていき、保育園の様子を見させていました。

すると、二ヶ月ほど経ったある日、娘が自分から保育園に行くと言い出したのです。七月から通うとなると、苦手なプールの時間があります。顔に水がかかるだけでも嫌がるような子だったので心配でしたが、娘は「それでもいいから行く」と言いました。

通うのをやめた二ヶ月間、彼女なりに考えていたのでしょう。保育園の存在を毎日感じていたこともあって、集団のなかでみんなと一緒に早く遊びたいという気持ちが高まったのだと思います。そして七月からまた通いはじめ、それからは、登園を嫌がらずに楽しく通わせていただき、保育園を無事卒園してくれました。

仮に、お子さんが幼稚園や保育園に通うのを一時的にストップしたとしても、定期的に園を見せに行かれたほうがいいのではないかと思います。お遊戯の音や友だちの楽しそうな声が聞こえてくるので、自分もまたあの輪のなかに戻りたいと思うようになるはずです。

親が必要以上に焦って、子どもに無理強いなどしないことです。子どもなりに考え、心の準備が整えば、きっとまた通えるようになるでしょう。十人十色、一人ひとりの成長の度合いは違いますからね。

親が認めてくれると子どもは育つ

何を隠そう、わたし自身も幼稚園に通えなくなった一人でした。当時の給食には脱脂粉乳がついていて、それを飲むのが苦手でしかたなく、幼稚園に行きたくなくなってしまったのです。

さらに、「どうしてみんなと同じことをしないといけないの？」と違和感を覚えているような、ちょっと変わった（？）女の子だったように思います。

行くのがいやになったのは、幼稚園に通いはじめて六ヶ月後くらいでした。母親に「行きたくない」と伝えると、「そうなの、じゃあそうしよう」と拍子抜けするほどすんなり認めてくれたのです。

幼稚園に通わなくなると、一緒に遊べる友だちがいなくなってしまいました。幼稚園の園庭には顔を出せないので、近所の小学校の運動場で一人遊ぶようになり、わたしは二人の友だちと出会いました。

一人は小児麻痺を患っていたれいこちゃん、もう一人は目の見えないゆかりちゃんでした。当時は養護学校や盲学校があまりなく、またあっても倍率が高くてなかなか入ることができなくて、彼女たちは学校に通えなかったのです。れいこちゃんは歩くのが苦手だったので手を引いて一緒に遊んだり、ゆかりちゃんは目で見ることができないので、お人形の顔や服の説明をしてから手渡ししたりして、わたしの家で一緒に遊んだり、何か面白いことを言って笑わせたりしていました。

そうやってわたしが遊んでいるのを知った父は、れいこちゃんとゆかりちゃんが学校に通えないのを不憫に思ったのでしょうか、彼女たちが養護学校、盲学校に入れるよう、知り合いを通じて手続きをしてくれました。幼稚園に通えず寂しそうにしているわたしと遊んでくれているお礼の気持ちもあったのかもしれません。

こうして、れいこちゃんは養護学校、ゆかりちゃんは盲学校に通えるようになり、またわたしは一人になりました。

遊ぶ友だちがいなくなったこともありましたが、それよりも、うまく歩けない、しゃべれないれいこちゃん、おもちゃもテレビも何も自分の目で見ることができない、目で本も読むこともできないゆかりちゃんもがんばって学校へ行くんだから、わたしも給食なんかに負けてはいられない！　そう思い、わたしは子どもながらに「もう一度、幼稚園に行こう!!」と決心しました。その気持ちを母親に伝えると、母は快く受け入れてくれました。さらに「好きな時間に行っていいのよ」とまで言うのです。母はわたしが幼稚園に通えなくなる前、眠くてぐずるわたしを無理やり起こして登園させていたのがいけなかったと反省していたのでした。

ふたたび幼稚園に通うようになり、母親の言葉に甘えて十一時ごろに登園する日々がはじまりました。当時は『おかあさんといっしょ』というＮＨＫの番組が十時ごろ放送されており、それを見ながら朝ご飯を食べ、かなり遅刻して幼稚園に行っていたのです。

その後は一年間一日も休まず登園し、卒園式のとき、皆勤賞のプレゼントをもらいました。ほかのみんなより遅い時間に登園していたので申しわけない気持ちもありましたが、とても嬉しかったのを覚えています。

幼稚園も認めてくれていたので登園時間は問題なかったのですが、十時過ぎに朝ご飯を食べているので、十二時の給食の時間になってもお腹はまったく空いていません。だから余計に給食が苦手になってしまいました。

そこでわたしはどうしたのかといえば、苦手な食べ物があるとリスのように口いっぱいに食べ物を含み、外に走り出て園庭に穴を掘って埋め、何事もなかったようにまた教室に戻って給食を食べるという〝技〟を身につけたのです。

現在はアレルギーを持つ子どもが多く、アレルギー反応の出る食べ物は食べてはいけないと注意される時代ですが、当時はそういうこともなく、給食は絶対に残してはいけませんでした。そうしたなかから生まれた子どもながらの知恵でした。

給食のときに部屋を抜け出すわたしのおかしな行動が男の子の目に留まり、わたしのあとについてくるようになりました。しかし男の子が園庭に出てくるころには、わたしは素早く教室に戻り、おとなしく座っています。だから先生に叱られるのはいつも男の子たちでした。

それでも男の子たちは、わたしが先に外に出ていたということを先生に絶対に言いませんでした。なぜなら、再び幼稚園に通いだしてからのわたしはいじめっ子で、みんなから怖がられていたからです。

お転婆だったわたしは、幼稚園指定の上履きがおしゃれではなくて好きになれず、代わりに祖父が香港で買ってきてくれたキラキラのスパンコールのついたスリッパを特別に履いていていました。母親に「あの上履きはいや。おじいちゃんが買ってくれたキラキラのスリッパを履きたい」と訴えると、「じゃあそうすればいいよ」と幼稚園の先生にお願いしてくれたのです。その当時、末っ子でわがままだったわたしを受け入れてくれた母親もそうですが、一人だけ違う履物を認めてくれた幼稚園の先生にもいまさらながら本当に感謝しています。

このように、わたしの両親は子どものすること、言うことを常に認めながら育ててくれました。両親は薬局の仕事が忙しくて子どもと過ごせる時間があまりなく、かまっていられなかったというのもあるでしょう。ですがそうやって子どもの意見に常に耳を傾け、わたしを認めてくれたことが深い自信となりました。

子どもにとって最大の理解者は親です。その親に認められることで子どもは自信を育《はぐく》めるのです。両親の「子どもを認めて育てる育児」は、わたし自身の育児のお手本になったように思います。

勉強嫌いの子どもの対処法

幼稚園に一時期通えなくなった娘もいまは大学生になり、他県で一人暮らしをしています。本書を執筆中のある日、娘が帰省した際に岐阜市に新設された市の図書館に二人で足を運びました。

とても立派なその図書館で娘と何気なく話をしていたとき、「小さいころ、よく図書館で勉強したよね」という話題になりました。娘が小学校のとき、我が家に遊びに来ていた娘の友だちも一緒に町の図書館に連れていき、本を読んだり勉強したりしていたのです。

遊び盛りの小学生ですから、「図書館に勉強しに行こう」と言ってもなかなか気持ちが乗りません。そこで「図書館に遊びに行こうね～」と言いながら、宿題を持たせて連れていっていたのです。

図書館ではそれぞれ好きな本や漫画を借りて読みながら、その合間に勉強するというのがいつもの流れでした。

娘いわく、「家では勉強のやる気が起きなくても、図書館に行けば本で囲まれた空間でしーんと静まり返っているし、まわりの人たちが一生懸命に調べものをしたりしているので、自分も勉強しなきゃという気持ちになった」とのことでした。

親が「勉強しなさい」と言っても、子どもは家ではなかなか勉強に集中できないものです。そんなときは、場所を変えてみるのも一つの手段です。その際にうってつけの場所が図書館だと思います。

図書館には難しい本ばかりでなく、漫画や雑誌、ＤＶＤなども揃っています。子どもが興味を示すような、やさしい読みものを目当てにまず図書館に通う習慣をつけさせることで、まわりの雰囲気に乗せられて自然と勉強するようになっていくはずです。

我が家の場合、娘とともに、まだ幼かった弟も一緒に連れていっていました。本や漫画が読めなくても、図書館に通うことに慣れさせようと思ったのです。

最近は不登校の子ども達に図書館の利用を勧めていますが、図書館に行き慣れていなければ足を向けにくく、また仮に行けたとしても独特の静かな空間と雰囲気になじめず落ち着かないものです。ですが、小さなころから通い慣れておけば、学校ぎらいになったりしたいざというときも心の拠り所にできるでしょう。


ところで、お子さんに絵本や書籍を買い与える際は、子どもが本当に気に入っているかどうかを確かめたほうがいいでしょう。子どもは気に入った絵本は何度も読みますから、「そこまで大好きなら買おうね」と買い与えるのです。

大人の目線で「こういう絵本を読んでほしい」と押しつけても、子どもに興味がなければ真剣に読んでくれることはありません。絵本はなかなかのお値段がついていることもありますから、最初は図書館で借りてみて子どもが興味を示す本かどうかを確認してから買ってあげるといいでしょう。

娘に関連して、こんな出来事もありました。娘が二十一歳になる誕生日にプレゼントを買ってあげようと、二人で買い物に出かけました。娘はもともとあまりものを欲しがるような子ではありませんが、このときは特にそうで何を見ても欲しがらず、結局、何も買いませんでした。そこで、わたしが何かを買って帰ろうとしたところ、娘がわたしに言いました。

「お母さん、ものなんてあの世には持って行けないよ。そんなに買ってどうするの。持って行けるのは心だけだからね」

これはまさにわたしが講演会やセミナーで皆さんにお伝えしている言葉で、この子もこんなことが言えるようになったのかと、娘の成長を感じてとても嬉しい気持ちになりました。

第三章　心を成長させる育児

親が謝る姿を見て子どもは学ぶ

幼稚園に再入園してからのわたしは、男の子勝りのいじめっ子になりました。大人になって同窓会に参加すると、男性の友だちから「当時は和ちゃんがこわくて幼稚園に行きたくなかったよ」と苦笑いされることもあるほどです。

本当に恥ずかしい限りですが、当時のエピソードはたくさんあります。

たとえば、当時ガキ大将だった男の子をからかうような替え歌を自分でつくって歌い、泣かせてしまったことがあります。その姿を見たわたしはその子に対して、「男の子なのに泣いちゃって、よわっちいなー」とからかったりしていました。

いつもわたしがヘアカットでお世話になっていた床屋さんでハサミが耳にあたり、耳が切れて少し怪我をしてしまったときは、その床屋さんの息子さんに仕返しをしたこともありました。わたしより少し年上だったその息子さんと遊んだとき「床屋さんごっこをしよう。わたしが床屋さんで、お兄ちゃんがお客さんね」と言って、その息子さんの髪の毛をめちゃくちゃにカットしてしまったのです。

実家の薬局に来店された男性のお客さんが店から出られる際、コップにくんだ水を二階の窓から勢いよくかけたこともあります。（そのお客さんは頭の毛が少し薄い方で）「はげおやじ〜」と言いながら水をかけてしまったものだから、さあ大変です。運悪く、水が頭を滑り落ちて顔にかかってしまったこともあって、「コラー何やっとるんだ！」とお客さんはプンプンに怒ってしまったのです。

いま振り返っても顔から火が出る思いですが、それはそれは、さまざまないたずらをしてはまわりの人を困らせていました。

何より感謝しているのは、それでも両親はわたしに叱ったり、怒ったりすることは一度もなかったということです。それどころか、迷惑をかけた方々に対して、わたしの代わりに平謝りに頭を下げてくれたのです。

わたしが替え歌をつくってからかっていた同級生の男の子は、あるとき両親を連れてわたしの家にやってきました。ご両親はかんかんで、苦情をまくし立てています。

それに対してわたしの父と母は、「そうでしたか、本当にすいませんでした」「わたしが忙しくてこの子をちゃんと見てやれんかったので、よく言い聞かせておきますので」と謝りながら、何度も何度も頭を下げています。

わたしは後で叱られるのを覚悟しました。ところが男の子とご両親が帰ると、何事もなかったように「はい、かずちゃん、ご飯にしようね」と、いつも通りに接してくれるのです。

とがめることもなければ、これからそんなことをしてはだめだよと言い聞かせるわけでもありません。同級生の目の前で、わたしを叱りつけるようなことも一切ありませんでした。

薬局のお客さんにいたずらをしたときも、やはり父と母はひたすら頭を下げてくれました。床屋の息子さんの髪の毛を切ってしまったときは、さすがに「そういうことはしてはだめだよ」と言われましたが、叱ったり怒ったりはせずに優しくさとしてくれました。その床屋さんは父親も通っていたので、おそらく謝りに行ってくれたのだと思います。

こうして父と母がひたすら相手に謝る姿をみせられると、子ども心に親に申しわけないという気持ちがわいてきます。そんな親の姿を通して「自分はいけないことをしたんだ」と反省し、二度と同じ悪さをしないようになっていきました。わたしの場合、子どものころから、自分で考える時間を多くつくってもらえていたと思います。

子ども同士のケンカ。親が相手のお子さんに頭を下げる

公園や児童館などで子どもを遊ばせていると、友だち同士でおもちゃの取り合いになったりするでしょう。自分の子どもがお友だちのおもちゃを奪ってしまった場合、「こら、取ったらダメでしょ。お友だちに返して謝りなさい」と叱る人が多いのではないでしょうか。

そうやってただ叱ると、子どもは親に反発心を抱いてしまうかもしれません。子

どもは純粋にそのおもちゃで遊びたかっただけなのに、「どうしてお母さんは怒っているの？」と思うからです。

子どもは、納得できなくても「友だちに謝りなさい」とママに叱られたので、「ごめんね」と一応は言うでしょう。ですが叱るだけでは、なぜ謝らなければならないのか、その理由を理解できません。子どもに注意する場合は、納得させることがもっとも大切です。

たとえば、自分の子どもがおもちゃを奪ってしまった場合、親が相手のお子さんに「○○ちゃんごめんね。このおもちゃは○○ちゃんのだから返すね」と謝るのです。前項でもお伝えしたように、そうやって親が謝る姿を何度も何度も見せることで、子どもは「お友だちのおもちゃを取ったらいけなかったんだ」と学ぶからです。

子どもが何か悪さをしたとき、叱りつけて謝らせる習慣が根づいてしまうと、子どもはいつしか「ごめんねと謝っておけば、お母さんは怒らない」と理解するようになっていきます。それがさらに発展すると、「親が見ていなければ怒られることもない」と考え、親に隠れて悪さをするようになってしまうかもしれません。

親が見ていても、見ていなくても、悪いことは悪い。

それを心で理解させるためには、やはり親が謝る姿を子どもに見せるのが一番だと思います。そして何がどう悪いのかを、愛を持ってきちんと何度も優しく説明するのも大切なことです。

叱るのではなく理由を説明し、納得させる

前章でエピソードを紹介したように、幼稚園時代のわたしは悪さばかりしていたので、近所の女の子たちからは嫌われていました。

友だちの家に「あそぼー」と言って訪ねたとき、友だちに居留守を使われたこともあります。玄関から家のなかをよく見ると、障子の小さな穴の奥で、目がきょろきょろと動いています。友だちがこちらをうかがっているとわかり、とても悲しくなりました。同時に、「わたしと遊ぶのは嫌なんだ」と理解し、何も言わずに引き返しました。

遊んでくれる友だちを求めて、かなり遠くまで足を伸ばしたこともあります。ですが遠くの友だちは通学班が異なるため登下校も別々で、すぐ家に行ったりして遊べるわけではありません。近所の友だちは小学生になっても同じ通学班で、一緒に歩いて同じ学校に行きますから、やっぱり近くの友だちと仲良くしたい思いが強かったのです。この思いが、自分がやってきた数々のいたずらを反省する契機になりました。わたしは友だちとの人間関係を、ぶつかりながら学んでいったのです。

幼稚園のころは男の子もこわがるほどのお転婆だったわたしは、数々の人間力を養う学びを経たのち、自分でいうのも何なのですが、小学校にあがってからはとてもいい子に変わりました。当時はいまとは違い、クラスの人気者が学級委員などに選ばれる時代だったこともあって、学級委員にも何度も選ばれました。

子育ての本をいろいろ読むと、叱ったほうがいいという人もいれば、叱らずに育てたほうがいいという人もいます。

繰り返しになりますが、わたしはやはり理由なく叱るのはよくないと思っています。頭ごなしに注意すると、子どもにとっては反省することより、叱られたという印象のほうが強く残り、親にいじめられたと勘違いしてしまいかねません。

きちんとわけを説明し、納得させるために声をかけることが必要です。

幸い、わたしは親の後姿を見て、人に対する接し方を学んだり、自分のおこないを反省したりすることができました。きちんと見ることのできる子どもさんに対しては、親の姿を見せるだけでしっかりと学んでいくはずです。

ですが子どもによっては、言い聞かせなければ理解できないケースもあるかもしれません。お子さんの性格をよく理解したうえで、自分の背中を見せるのか、理由を説明して言い聞かせるのか、いろいろと工夫をされるといいでしょう。

ところで、数年前のことですが、実家の近くの商店に買い物に行ったとき、お店の方から「あなたのご両親は神様のようにいい人だから幸せですね」と言われました。

それまでも「あなたのお父さん、お母さんは本当にいい人ですね」と何度も言われていましたが、神様のようだという言葉ははじめてだったので、何だか不思議な気持ちになりました。

神様というのは、すべてを受け入れてくださる偉大な存在です。わたしの両親も、わたしのすべてを丸ごと受け入れてくれるというところが、もしかすると神様と通じるのかもしれません。

イメージ力を鍛えることで、夢を叶える大人になれる

子どもたちが大好きなディズニーランドは、ウォルト・ディズニーというひとりのアニメーターの想像力から生まれました。大人も子どもも一緒に楽しめる夢の国をつくりたいとイメージを膨らませ、十五年という長い歳月を経て完成させたのです。そのとき、ウォルト・ディズニーは五十四歳でした。

このウォルト・ディズニーは、「ディズニーランドは永遠に完成しない。世界に想像力がある限り、成長し続けるだろう」と語っています。

そのほか、世界の偉人たちは「発明するためには、豊かな想像力とゴミの山が必

要だ」「人間の無限の可能性を開く鍵は想像力である」といった言葉を残しています。わたしたち人間は想像力を豊かに使いながら人生をつくり出しているのです。

この想像力＝心に思い描く力を養うことで、夢を叶える大人になることができます。子どものイメージする力は無限大ですから、ぜひお子さんの想像力を育てる工夫をこらしてください。

イメージを膨らませる方法のひとつは、やはり絵本の読み聞かせではないでしょうか。夜寝る前に子どもに寄り添いながら、大好きな絵本を読んであげましょう。

ママの声は、お腹のなかにいるときからずっと聞いているので、子どもにとってはとても心地よい響きです。そのママの声を聞きながら物語の世界に入り、楽しい世界をイメージしながらぐっすり眠るのは子どもの情操教育に大変よいことです。

絵本の絵を子どもに見せながら読み聞かせをするのも楽しいですが、時には絵を見せずに言葉だけを子どもに聞かせてあげてください。絵を見るとイメージができ上がってしまいますが、絵がなければ子どもが物語の世界を自由に思い描くからです。お子さんが少し大きくなってくれれば、絵の少ない童話などを読み聞かせしてあげるといいでしょう。

二人のお子さんがいた場合、二人に同じ話を聞かせても、思い描いている映像はまったく異なります。子どもの数だけイメージの世界があるのです。お子さんの感性で空や花の色が違うでしょうし、絵本に登場する人びとや虫たちの表情も異なることでしょう。大好きなお母さんが語ってくれる物語を聞きながらイメージを膨らませる先に、お子さんの明るい未来が拓けていきます。

聞いた言葉だけでその状況や光景を想像したり、物事を空想したりするのは、読み聞かせだからこそできることです。流れてくる映像を受け取るだけのビデオ（DVD）やテレビでは決してできないことです。

子どものころから豊かな想像力を養っておくと、大人になってからも肯定的に物事を考えられるようになります。大人になって、仮に辛い環境に身を置くことになったとしても、辛い自分を想像するのではなく、立ち直っている自分、明るく立ち振る舞っている自分、成功している自分の姿をイメージできます。

大人になると、自分にとって都合のいい環境にばかり身を置けるわけではありません。どのような環境にいても、自分を良い方向に持っていける心の力を養うのは大切なことです。

子どもはみな天才です。そんな天才児の芽をつぶさずに、どんどん伸ばしてあげてください。

浦島太郎のその後——オリジナル童話を読んであげる

わたしは、読み聞かせをするのが大変な日は、自分がつくった話を子どもたちに聞かせていました。子どものころに聞いて知っている童話を自分なりにアレンジし、オリジナルの話に仕立てて子どもに聞かせるのです。

たとえば、浦島太郎は、助けた亀に竜宮城に連れて行ってもらい、帰る際に乙姫様から玉手箱を渡されます。ところが決して開けてはいけないという約束をやぶって箱を開けた結果、太郎はみるみる老人になってしまいます。

物語はここで終わるのですが、わたしは浦島太郎のその後の話も創作し、子どもに聞かせていました。詳しくは忘れましたが、玉手箱を開けて老人になってしまった太郎が若返りの薬を発見し、またもとの若者の姿に戻るといったストーリーだったと思います。

ほかにも、月に帰ったかぐや姫のその後の月での生活、金太郎が大人になって結婚したあとの生活、あるいは桃太郎が他の惑星で動物たちも自由に暮らせるようなサファリパーク型の動物園の園長になり、地球からUFOに乗ってたくさんの見物客がその動物園に来たというような話など、次から次へといろんな物語を創作して話して聞かせていました。

どのオリジナル童話を読み聞かせしていても、桃太郎の話のように最終的にはなぜか宇宙に行くというのがお決まりでした。物語の最後のあたりはわたしも眠くなり、寝ぼけ眼《まなこ》で話をしているので、自分でもよくわからない展開になってしまうのです。「それはどういうこと？」「それからどうなったの？」と子どもに起こされることもしばしばでした。

働きながら子育てをされているお母さんは眠くて大変だと思いますが、お子さんの情操教育のためにも、できる限り読み聞かせかお話をしてあげてください。

イメージする力は自分の人生をつくるだけでなく、相手を思いやる心も養います。表情が暗いお友だちがいた場合、「元気がないみたいだけどどうかした？」と声をかけてあげられるのは、友だちの表情の先に思いをはせたからです。想像する力を育てることで、相手の喜びはもちろん、心の痛みや苦しみ、悲しみも推し量り、本当の思いやりの心を持てる人へと成長できるのです。人間として生きる力――人間力をつけていくためには思いやりが必要ですから……。

タイミングを見計らった育児を大切にして

お子さんに何かものを買い与える場合、「必要なものを必要なときに必要な量だけ与える」ということを意識されるといいと思います。

たとえば、子どもが欲しがっているおもちゃがあるとします。しかし親としては、知能の発達にいいなどという理由で別のおもちゃを買い与えてしまったりするものです。ですが子どもは本当に欲しいおもちゃは別にあるため、せっかく買い与えてもそれが喜びには変わりません。やはり子どもが本当に求めているものを選んであげるのが大切でしょう。

わたしの息子が小さいころ、砂場が欲しいと言い出しました。いまの時代は家庭でも遊べる砂遊びセットが売っていますが、当時はそうした便利なおもちゃはありません。砂場をつくるのは大変ですから、他のおもちゃを与えてごまかしていました。

しかし息子が欲しいのは砂場なので満足することはありません。結局は、金魚などの小魚を飼育するプラスティックの容器（小さな池）を購入し、そこになるべく清潔な砂を入れて簡易の砂場をつくりました。息子は大変喜んで、その砂場で山をつくったり穴を掘ったり、水を流したりして遊んでいました。

保育園や近所の公園などに行けば砂場はありますが、家でも砂遊びがどうしてもしたかったようです。お友だちと一緒に砂遊びをしていると、せっかくつくった山やトンネルを壊されてしまうことがあります。まわりを気にせず、自分だけの砂場で存分に遊びたかったのでしょう。

こうしてお伝えすると、子どもが欲しがれば何でもかんでも買い与えていいと勘違いされるかもしれません。しかしそうではなく、なぜそれが欲しいのかという理由をきちんと確認し、子どもの心を見ながら与えていくことが大事です。

必要なものを必要なときに必要な量だけ与える――。

これはおもちゃなどの「もの」だけでなく、「アドバイス」なども同様です。子どもにアドバイスをしたり、何か説明をしたりする場合、子どもが聞きたいと思っているタイミングでそのことを伝えてあげるよう意識してください。必要なときに必要なアドバイスを聞けた場合、子どもは乾いたスポンジのようにぐんぐん吸収し、自分自身の血や肉としてくれます。

一方、常に小うるさく子どもに言っていると、せっかくいいことを伝えていても子どもはまったく聞く耳を持っていません。それではもったいないと思うのです。

同じアドバイスをするにしても、小言のように常に聞かせるのではなく、子どもの心を見てベストなタイミングを見計らって伝えてあげてください。

わたしは、育児は二十歳までだと思っています。子どもたちが成人するまでのあいだ、いろいろなものの与え方を慎重に考えて育児を続けてきました。子どもが大きくなるほどタイミングを見計らった育児、ぜひ意識してみてください。

かたちのないもので遊び、想像力を養う

前項で砂場遊びの話を取り上げましたが、小さなお子さんの場合は、砂や水などで思いっきり遊ばせてあげるといいでしょう。砂や水といったかたちのないもので遊ぶことで想像力が養われるからです。

砂で山やトンネルをつくって水を流したり、道をつくってミニカーを走らせたり……かたちがないからこそ、子どもの自由な発想を存分に発揮できます。

さらに砂や水に触れることで五感も刺激されます。もちろん無理に遊ばせる必要

はありませんが、子どもが好きな場合は、ぜひかたちのないものに触れさせてあげてください。

そのほか、昔の遊びを体験させることも大事です。

たとえば凧《たこ》揚げも想像力を養うのにぴったりの遊びです。風の強さや向きによって凧がどのように上がるのか、子どもは多くのことを学んでいます。

あるいはコマ回しやお手玉、けん玉、ビー玉、メンコなどもいいでしょう。メンコはどの向きに弾かれるのか予測できない面もあり、ときに奇跡が起きたりするなど、運試しの一面もあります。

さらに心と連動しますから、集中しているときとしていないときで結果が違います。遊びを通じて心の状態、何か不思議な世界とのつながりをも学ぶことができるのです。

感性や知性を養うといった目的で木のおもちゃがいろいろ売っていますが、かなりいいお値段がすることも少なくありません。その代わりに、たとえばホームセンターなどで木材を購入し、お父さんが日曜大工で手づくりされるのはいかがでしょう。お子さんに手伝ってもらえれば、おもちゃを手づくりする楽しさを感じさせてあげることができるでしょう。

兄弟三人で社会性が養われる

わたしの子どもが小さいころは、我が家が児童館のようになっていました。家から目と鼻の先の保育園に通わせていたこともあって、四時ごろに子どもを迎えに行った際に何人かのお友だちを一緒に連れて帰ってきていたからです。

当時の我が家の夕飯は遅い時間でした。わたしは保育園に迎えに行く前に夕飯の支度をだいたいすませていたので、子どもたちと遊ぶ時間を取ることができました。お友だちのご家庭は働くお母さんも多く、仕事が終わるまでのあいだ、わたしの家で遊びながら預かったことでずいぶん助かったようです。

夕方からの我が家はにぎやかでした。ずっと遊びに来ているお友だちのなかには、「おなかすいたー」と言いながら勝手に炊飯器を開け、卵かけご飯をつくって食べている子もいたほどです。家のなかには常に七、八人の子どもたちが騒いでいました。お友だちを受け入れていた理由の一つは、わたしの子どもたちに友だちと交流する機会を増やしてあげたかったからです。下の弟は社交的だったのですが、上のお姉ちゃんは少し内向的な面があり、人見知りをするところがあったので気になっていました。保育園と近かったことを幸いと、せっかくなのでお友だちに遊びにきてもらっていたのです。

保育士をしていた姉は、できれば兄弟は三人いたほうがいいと言っていました。三人いることで社会性が養われるからです。三人で多数決をすると、必ず一人あまります。仲間外れにされるかもしれませんが、そうした経験が社会性を養うというのです。

わたしの子どもは二人で、さらに男の子と女の子なので、姉いわく、それぞれが一人っ子のようなものということでした。しかし、子どもを三人に増やすことはできなくても、友だちをたくさん受け入れることで、社会の学びの一端を経験させてあげられると考えました。

お友だちを家に連れてくると、子どもたちは楽しい反面、我慢しなければならない場面もたくさんあります。自分の大事なおもちゃで遊ばれることもあれば、冷蔵庫にこっそり隠しておいたアイスを食べられてしまったこともあります。

子どもにとっては心の葛藤があるはずですが、そのたびに怒るのではなく、「いいよ」と友だちを優先してあげることで、少しずつ社会での自分の立場を見つけていけるようになります。とくに上のお姉ちゃんは嫌なことを正直に伝えることができず、いろいろ辛い思いもしたようです。

親によっては、子どものケンカを率先して仲裁する人もいるでしょう。自分の子どもが仲間外れにされていることがわかったとき、必死に阻止しようとされる人もいるかもしれません。

ですがそうした経験は、子どもに学びとして与えられていることもあります。できる限り子ども同士で解決できるような環境を与えてあげることで、社会性を身につけた大人に成長していけるのではないかと思います。

ケンカはあえて止めない！

小さな子であっても、お互いにケンカをする理由があり、それぞれに子どもなりの主張があります。

兄弟のケンカなら「お兄ちゃんなんだから」と上の子だけに我慢をさせて途中でケンカを収めたり、友達同士の場合なら自分の子どもを守ろうとして、理由も聞かずすぐに止めようとしてしまう方が多いのではないでしょうか。

ですが、幼少期の人格形成において、ケンカから学ぶことはたくさんあります。止めたくなる気持ちはわかりますが、もし子どもがケンカをはじめたら、（大きなけがをするような危険性がなければ）まずは見守ってあげてください。

そして、どちらか一方が泣いたりしてケンカが収まってから、少しあいだをおいて二人とも落ち着いたころを見計らって、双方からケンカの理由を聞き、お互いに謝る方向で解決してあげてください。

ケンカが収まった直後はまだ感情が高ぶっているでしょうから、あくまでその気持ちが落ち着いてから理由を聞くようにするとうまくいきます。子どもは気持ちが落ち着くのも早いですから、驚くほどすぐにケロッとしてしまうこともあります。

ケンカを途中で止めてしまうと、子どもはケンカ相手や止めた親を恨んだり、憎んだりしてしまうこともあります。まずは気がすむまでやらせてから、本人達が納得できるように解決する、これが大切です。

やったことは自分に返ってくる

子どもはいたずらが大好きです。無邪気な子どものころはまだかわいさもあるでしょうが、やがて大人になったとき、誰も見ていなければ問題ないという理屈で悪事を働くようになってしまっては大変です。子どものころから世のなかのしくみを言って聞かせるのが大切です。

ここから、少しスピリチュアルな話をさせていただきます。

わたしたちは肉体を持ったこの世のなかがすべてではありません。亡くなって肉体を脱いだあと、いわゆる死後の世界に渡ってからも体（幽体・死後に使う体）や魂（心）は存在し続けます。そして生前のおこないによって、死後の世界の過ごし方が大きく変わってくるのです。

たとえば生前に人を傷つけたことがある人は、肉体を脱いだあとの死後の世界でその痛みや苦痛を味わうことになります。因果応報という言葉があるように、自分がやったおこないは、すべて自分に返ってくるということです。

人生は一度きりと思っている人は、いま生きているこの世界がすべてだから楽しまないと損だと思っているでしょう。人によっては、悪いことをしてもバレなければ問題ないと考えているかもしれません。

しかし、わたしたちには五人の背後霊さんがいて、わたしたちの生前のおこないをすべて記録しています。たとえばお店のものを盗んだり、人を傷つけてしまったりした場合、誰にも見られることなく捕まらずにすんだとしても、背後霊さんはしっかりと記録していますから、生前の罪として残ります。そして死後の世界で神様に裁かれて、罪を償う必要があります。

もしお子さんが誰も見ていないところで悪さをしたら、この世のなかのルールを優しく言って聞かせてあげてください。背後霊や神様という言葉を使うことに抵抗があるなら、「常に誰かが見てくれているんだよ」「自分がお友だちにしたことは、必ず自分に返ってくるんだよ」といったように、わかりやすい言葉でお子さんに説明してあげるといいでしょう。昔の人は、悪さをする子どもに対して「お天道様が見ているよ」とよく言ったものです。

このことが理解できる年齢になれば、悪いおこないは慎み、よいおこないを積み重ねられるような大人に成長していくことでしょう。

神様という存在は常に平等で冷静です。わたしたち人間の世界では一見すると不平等に思えることでも、神様は常に公平に判断されています。誰かが見ていても見ていなくても、正直に、正しく真面目に生きることが何より大切です。

家族の優先順位を間違わないで

最近、少し気になることがあります。旦那さんの家に嫁いだあとも、奥さんが実家の両親とべったり近い関係を続けているケースがあることです。

子どもができると、女性にとっては自分の親が近くにいると楽ですし、安心できるものです。自分の親であればいちいち説明しなくても子どもを見てくれますし、気持ちもよく理解してくれています。子育てが大変で気が滅入っても、自分の親になら遠慮なく悩みを打ち明けられるでしょう。

しかし、嫁いだあとも実家の両親と近い関係を続けていると、そのことがきっかけで夫婦関係がぎくしゃくしてしまうことがあります。わたしの個人面談に来られる方のなかにも、そうした理由で夫婦関係がこじれている方がいらっしゃいます。

女性が旦那さんの家に嫁ぐと、旦那さん側のご先祖様の背後霊さんに替わります。ですから、結婚して旦那さんの家に嫁いだら、義理のお父さんとお母さんを自分の親だと思い、大切にしてください。それが夫婦円満の秘訣でもあります。

夫婦が仲良く過ごすのは、とくに小さな子どもにとっていい影響を与えます。子どものためにも嫁ぎ先の親を大事にして、夫婦関係をよくする心がけが大切です。

娘さんをお嫁に出したご両親の心がけも大事です。女性が結婚して嫁ぐということは、大切な娘が選んだ旦那さんの家に入るということです。ですから娘さんを送り出したあとは、あまり口出しはせず、一歩引いて温かい目で見守ってあげてください。

夫婦円満の秘訣がもう一つあります。奥さんが旦那さんをないがしろにせず、家族のなかでいちばんに優先して接することです。

女性は自分のお腹を痛めて子どもを出産するため、生まれた直後から子どもに深い愛情を抱きます。さらに女性は、出産後はホルモンのバランスが崩れ、旦那さんに対して厳しく接してしまったり、子どもにばかり目が向いてしまったりといったことがあります。

それに対して男性は、自分の体を使って出産するわけではないため、子どもを育てていく過程で少しずつ我が子に対する愛情が深くなっていくものです。

それにもかかわらず、妻が、子どもが生まれたとたんに旦那さんをそっちのけで、子どもにばかり愛情を注ぎはじめるとしたらどうでしょうか。

子どもの面倒をみるお母さんの大変さは、わたし自身も二人の子どもを育ててきたのでもちろん理解しています。ですが男性の立場からすると、妻が子どもしか見なくなると「子どもに妻を取られてしまった」という気持ちを必ず抱いてしまうのです。旦那さん自身がそのことを意識する、しないにかかわらず、心の奥底で大なり小なりそうした不満を抱くようになります。

たとえば食事などもそうで、日々の生活が子ども中心になっていくと、スパゲティやオムライスといった子どもが好む食事になりがちです。旦那さんは辛口のカレーが好きなのに、子ども用の甘口カレーが食卓に並びはじめるかもしれません。一日がんばって働いて、家に帰ってきたら今度は子どもが好む食事ばかり食べさせられる旦那さんの気持ちを思いやることも大切です。

お母さんが子ども一辺倒になってしまうと、夫婦関係のこじれの原因になるだけでなく、子どもが思春期に差しかかるころに旦那さんと子どもの関係が悪くなってしまう場合があります。

では、そうならないために何を意識すればいいでしょうか。

わたしは、旦那さんを長男だと思って接するのがいいのではないかと思います。旦那さんを長男と見なしたうえで、最初に生まれたお子さんを次男（あるいは長女）、次に生まれたお子さんを三男（あるいは次女）などというふうに考えます。

そして誰よりもまず長男に愛情を注ぎ、長男の好きなお料理を出し、長男を家族の中心として接します。そうやって旦那さんを優先した生活を前提にしながら、子どもたちをその生活に受け入れていきます。

わたしの場合、食卓にお酒の肴をたくさん出していたので、子どもたちは大人のおつまみが大好きになりました。里芋を皮のまま茹《ゆ》でたきぬかつぎを生姜《しょうが》醤油につけて食べたり、するめやもずく酢を好んだりと、子どもたちはこうしたメニューを小さなころから普通に食べていたのです。

子どもに合わせたメニューを出さなくても、子どもたちは食卓の味に慣れていきますから心配はいりません。ただし、子どもは辛い料理は食べられませんから、わたしの場合、カレーは辛口と甘口の二種類を必ずつくっていました。

夫婦二人の生活がまずあって、そこに子どもが生まれて新たな家族として加わったのです。子どもが生まれたからといって、いきなり子ども中心の生活に切り替えるのは少し違うと思います。この点をはき違えると夫婦仲がギクシャクし、やがて旦那さんと子どもの関係がこじれてしまう可能性があるので十分注意をしてください。

旦那さんが先にいて、その次に子どもがいる。

旦那さんの親が先にいて、その次に自分の親がいる。

この優先順位を間違わないよう意識していただければと思います。

第四章　母子のつながりを深める育児

ママの都合で断乳はしないでほしい

（この章は、母乳がでなくて苦労されている方には少し辛い内容を含むかもしれませんが、そのような方にも参考にしていただきたいことが書いてありますので、ぜひ読み進めてください）

子育ての専門家のなかには、半年ほどで断乳をすすめる方もいらっしゃいます。授乳は母親の時間がとられてしまうため、できる限り早く断乳することでママが楽になるというのも理由の一つのようです。昔と違って働くママが増えていますから、時代の流れで仕方のない面もあるのでしょう。

さらにいえば、おっぱいを長く与え続けることで母乳の栄養は少なくなっていく一方、離乳食がはじまれば栄養を食事で摂ることができるため、お母さんのおっぱいは必要なくなるという意見もあるのかもしれません。

しかしわたしは、おっぱいは出るのに母親の都合で早期に断乳することは絶対にしないでほしいと思っています。一般的には断乳する時期にさしかかっていたとしても、子どもが欲しがるあいだは、できる限りおっぱいをあげてほしいのです。授乳は、単なる栄養補給やスキンシップを超えた、母子のつながりを深めるとても大切な行為です。

考えてみてください。

母乳の色は乳白色なので違和感はありませんが、もともとはお母さんの血液なのです。真っ赤な血液を、見た目にも優しい乳白色に変えて、赤ちゃんに飲ませてあげる。こんなに不思議で神秘的な行為があるでしょうか。神様にしかできないと思ってしまいます。まさに人間は自分の血液を与え、身を削り、献身的に子育てをするすばらしい生き物なのです。

お母さんにとっても赤ちゃんにとっても、長い人生のなかで授乳の時期はほんの一瞬にすぎません。だからこそ、その貴重な時間を一日でも引き伸ばしていただきたいのです。

たしかに母乳自体の栄養は少なくなっていくかもしれません。体の栄養は離乳食で摂れるようになるでしょう。ですが母乳には、心の栄養がたっぷりと詰まっています。これは他の何ものにも代えられません。おっぱいを与えるほど心が豊かになり、情緒が安定する子どもに育っていきます。

こういう話を書くと子どもたちは嫌がるかもしれないのですが、わたしの子どもたちの場合、じつは二人とも五歳ごろまでおっぱいを飲んでいました。上の女の子が二歳のときに下の弟が生まれ、以降は二人同時に与えていたのを思い出します。

まず娘が五歳ごろにおっぱいを卒業し、弟も同じ時期にやめることになりました。弟が五歳の誕生日の日、急にあらたまってわたしに言うのです。

「ママ、ぼくもう五歳になるから、そろそろおっぱいやめようかなあ」

わたしが寂しい思いをしないかと、どこか気にしながら言ったかのような口ぶりでした。

おそらく保育園で友だちと話をしているときに、まわりのみんなは誰もおっぱいを飲んでいないことに気づいたのでしょう。二人とも飲みたいだけ飲ませてあげたので、安心して離れていけたのだと思います。息子はそういう言い方でしたが、誕生日を境にぴたっとおっぱいをやめました。

わたしの場合は、長く授乳できた影響がどれほどあったのかはわかりませんが、二人とも大きな反抗期もなく、わたしから見ると優しい心を持ち、情緒豊かで自立心も旺盛に育ってくれています。とくに弟のほうはまったく反抗期がなく、高校生になってもわたしに「行ってきます!!」の頬擦りをしてくれるほどでした。親としては、反抗期がないのは大丈夫なんだろうかと心配になるときもありますが、子どもに言わせると「反抗する理由がない」のだそうです。

わたしも叱らずに子育てをしてきましたが、「子どもたちに叱る理由がなかった」という理由もあります。親子で幸せに暮らせてきた背景の一端には、子どもたちが満足するまでおっぱいを与え続けることで、心にしっかりと栄養を届けることができたからかもしれません。すこし親ばかの話だったかもしれませんね。

このように、乳幼児はおっぱいを通じてお母さんとふれ合い、精神を安定させています。「はじめに」でもふれたように、昔の日本の子どもたちは小学校にあがってもお母さんのおっぱいをすすっていたといいます。

戦時中の乳離れ調査では、卒乳時期は平均二歳、子どもによっては三歳から九歳まで飲んでいることがわかりました。WHO（世界保健機関）は、赤ちゃんの心身の発達には母乳が効果的であることから、二歳からそれ以上まで授乳を続けることを勧めています。アメリカの小児科学会では母乳は少なくとも十二ヶ月、それ以降は母と子が望む限り長く授乳を続けるよう提言しています。

授乳は、それほど母子の結びつきを強めることだということです。日本の子どもたちが小学生時代までお母さんのおっぱいを飲んでいた戦中戦後の時代、家族間で殺し合うような事件がいまほど頻繁に起こっていたでしょうか。いまとは時代背景が異なりますが、それでも現在ほどには頻発するようなことはなかったはずです。

子どもによる親殺し、親による子殺し――こうした事件の背景には、母子のつながりが希薄になっている現代社会特有の問題が潜んでいると考えています。

そして、だからこそもう一度、かつての日本のような母子の関係性を取り戻すためにも、早期に断乳をするのではなく、できる限り長くおっぱいをあげ続けてもらいたいのです。

ただし、お母さんが何かをしながら授乳をするようなことはしないでください。お母さんがスマートフォンを触りながらおっぱいをあげている姿をたまに目にしますが、せっかくの貴重な授乳の時間ですから、赤ちゃんとしっかり向かい合ってあげてほしいのです。授乳は一生のうちのほんのわずかな期間ですから、その時間を最大限に大切にしてください。

あとは、たとえ母乳が出なくても、赤ちゃんが望むのならおっぱいを吸わせてあげてください。ミルクをあげるだけでは母子の結びつきの時間を十分に持つことはできません。体の栄養はミルクで与え、心の栄養はおっぱいで存分に与えてあげるのです。

おっぱいを飲ませる、あるいはおっぱいを吸わせる時間。この時間は子どもにとって、大好きなお母さんを一〇〇%独り占めできる時間です。赤ちゃんが望む限り、その時間をできる限り長くとってあげてほしいのです。授乳中は赤ちゃんだけを見つめ、お母さんを独占させてあげてください。

本来、母子のつながりはとても深いものです。この母子の関係性にゆがみが生じてしまうと、子どもの情緒が不安定になっていきます。大人の都合を優先するばかりに、子どもが求めている母親との結びつきの機会を奪わないであげてほしいのです。

〝両方〟出して飲ませてあげて

お母さんのなかには、前開きでもない普通の服を着たまま赤ちゃんにおっぱいを飲ませている方がいます。ママになってもおしゃれは楽しみたいという気持ちはよくわかります。授乳用の服ではなく、自分の好きなブランドの洋服を着ていたいと思うでしょう。

ですが、普通の服を着たまま授乳すると、赤ちゃんの顔に服が覆いかぶさったりしてしまうことがあります。赤ちゃんにとっては不愉快なだけでなく、大好きなお母さんの顔を見ながらおっぱいを飲むことができません。

ぜひ覚えておいていただきたいのですが、赤ちゃんはお母さんの顔をじーっと見つめながらおっぱいを飲んでいます。大好きなお母さんの顔をずっと見ていたいのです。

そんな思いにもかかわらず、服が顔にかぶさって邪魔をしてしまうと、赤ちゃんにとっては大きなストレスになってしまいます。赤ちゃんのためにも、授乳期は前開きの服を着てあげてください。そして赤ちゃんを膝に乗せて、お母さんの顔が見えやすいよう縦抱きや横抱きでおっぱいを飲ませてあげます。そうすれば、お母さんの顔がずっと見やすくなります。

さらにいえば、おっぱいを片方ではなく、両方出して飲ませてあげてほしいのです。赤ちゃんはおっぱいを飲みながら、もう片方のおっぱいを手でさわって楽しんでいます。ふわふわとした感覚が気持ちいいのでしょう。外出時に授乳室がないなどの場合でも、お手洗いを利用するなどして、できる限りそうした飲ませ方ができる方法を工夫されてみてください。

大森流、バスタオル術とは⁉

じつはわたしは、外出時でも子どもと向き合って授乳できるよう、あるものを使って工夫をしていました。

そのあるものとは、バスタオルです。サウジアラビアの女性のように大きなバスタオルを頭からすっぽりとかぶり、子どもにおっぱいをあげていました。バスタオルをくるっと一周巻きつけて、外れないようにすれば即席の授乳ケープのでき上がりです。母子ともに見つめ合いながら、おっぱいタイムを楽しんでいました。

ところで、市販の授乳ケープを利用されているお母さんもいらっしゃると思いますが、ものによっては子どもの顔に布がかかってしまうのではないでしょうか。その場合も普通の服と同様、赤ちゃんは真っ黒な場所でおっぱいを与えられているような状況となります。子どもが嫌がって払いのけて、思うように授乳できないケースがあるはずです。

そうした問題も、大きなバスタオルを使えば解消できます。ぜひ試してみてください ね。

子どもがお腹を空かせているからおっぱいをあげている。そんな意識がお母さんにあると、お腹がいっぱいになれば子どもは満足すると思うはずです。しかし授乳の方法によっては、お腹は満足するけれど、心は満足しないこともある、このことを理解してあげてほしいと思います。

心が満足できない場合、赤ちゃんはダラダラといつまでもおっぱいを飲んだり、吸ったりし続けることがあります。

おっぱいを噛まれて切れた人は要注意!?

母乳の味がストレスや食生活で変わるのをご存知でしょうか?

子どもが泣いたり、言うことを聞かなかったり……常にイライラしながら授乳をしていると、子どもにあまり美味しくない母乳を与えることになってしまいます。

一方、お母さんが穏やかな心で与える母乳は美味しく、赤ちゃんも喜んでくれるでしょう。一般に赤ちゃんが美味しそうに飲む母乳は薄白色でサラッとしているようです。

とはいえ、ストレスをゼロにするなんていうのはできませんから、旦那さんやまわりの家族の協力も得ながら、できる限りストレスを減らす努力をしてみてください。

食生活でも母乳の味が変わるというのは、もとが血液だと考えると頷けます。妊娠中や授乳期間中、体力をつけるために焼肉など脂っこいものを食べるという話を聞きますが、偏った食生活をすると母乳の味が悪くなってしまいます。お肉やファーストフード、脂っこい食事、お酒などは極力避け、和食中心の血液がサラサラになるような健康食をできる限り意識してください。

母親が食べたものが血液となり、母乳となって赤ちゃんの体内に入るわけですから、食品添加物を極力避けた食生活も心がけましょう。

とくに注意をしていただきたいのは、ハムやソーセージなどに入っている亜硝酸ナトリウムです。食品の見た目を良くするための発色剤として使用されますが、毒性が強いとされています。

さらにタバコや薬、お酒も控え、ストレスもなるべくため込まないようにしてください。

食品添加物はいまの時代、完全に避けるのは難しいにしても、できる限り自然調味料を使うなど普段から意識するだけで食生活はかなり改善できるものです。赤ちゃんのために、そしてお母さんの健康のためにもぜひ気をつけてみてください。

ところで、授乳中におっぱいを噛まれたことがあるお母さんもいらっしゃるのではないでしょうか。乳首をよく噛む子どもは歯が丈夫な証拠と言われることもあるようですが、実際はそうではありません。赤ちゃんは母乳の味が美味しくないので、反抗しているのです。

おっぱいが切れて血が出てしまったお母さんは要注意です。赤ちゃんは普通、切れるほど強く噛むことはありません。犬と一緒にするのも変な話ですが、愛犬も飼い主には絶対に強く噛まないのと同じです。

それにもかかわらず強く噛んでしまうのは、赤ちゃんは何らかのストレスを感じている証拠と考えてください。おっぱいが美味しくないのか、お母さんに何か不満を抱えているかもしれません。

子どもにおっぱいを強く噛まれたら、食生活が乱れていないか、お母さん自身がストレスを抱えていないかなど、身のまわりの生活習慣やお母さんの心の状態を見直すきっかけにされてはいかがでしょうか。

「早く断乳しないと虫歯になる」は嘘⁉

自治体の一歳半健診に行って断乳を勧められるケースがあるようです。本章の冒頭でみた理由だけでなく、いつまでもおっぱいを与え続けていると虫歯になるから、という理由もあるそうです。

本当に母乳を飲ませ続けると虫歯になるのでしょうか？

わたしの息子の場合、中学生まで虫歯がまったくありませんでした。同世代の子どもの誰よりも長く授乳していたと思いますが、それでも虫歯にならなかったのです。ある実験では、母乳に乳歯を浸しておいても虫歯にはならなかったそうです。

では、なぜ母乳を与え続けると虫歯になると言われるのでしょうか。これは、離乳食を食べて歯に歯垢が付着したままおっぱいを与えるのがよくないからだそうです。

しかし、そもそも歯に歯垢が溜まっていれば、母乳を与えるかどうかに関係なく、虫歯になりやすいのではないでしょうか。離乳食がスタートして以降もおっぱいをあげていると、きちんと歯を磨いてあげていない場合に限り、虫歯を誘発する可能性があるということでしょう。その場合、母乳は虫歯の直接的な原因ではないということになります。

そもそも遺伝的に虫歯になりやすい子どももいます。虫歯を持ったお母さんから口移しで食べ物を与えられると、虫歯菌がうつってしまう可能性があります。砂糖の入った甘いお菓子をたくさん食べていれば、それだけ虫歯のリスクは高くなっていきます。こうした虫歯の原因を放置しながら断乳しても、結局は虫歯になってしまうでしょう。

保健師さんやまわりの人にあわせて無理やり卒乳し、母子のつながりを深める一生一度きりの授乳期間を縮めるのは、本当にもったいないと思います。

赤ちゃんの心の成長度合いは一人ひとり異なります。比較的早くお母さんから離れていける赤ちゃんもいれば、そうでない赤ちゃんもいます。ご自身のお子さんの心の成長にあわせて卒乳のタイミングを決められることで、お母さんから無理なく離れていけるようになるでしょう。

仮に健診で保健師さんから聞かれても、「もう卒乳しています」と答えておけばいいのです。家庭のことですし、それは我が子を守ることでもあります。子どもを守るための嘘であれば、神様も許してくださることでしょう。

虫歯を気にされる場合、甘いお菓子はできる限り避ける、お母さんご自身も口腔内を清潔にする、ママから子への口移しは控える、寝る前に子どもの歯磨きをしっかりする……といった普通の対策を心がければいいでしょう。すくなくとも、虫歯を心配して卒乳時期を早められることだけは、子どものためにも避けてあげてください。

おっぱいマッサージをぜひ試してみて

母乳で育てたいけれど、思うように母乳が出ないのであきらめてしまうお母さんもいらっしゃると思います。しかし妊娠中からおっぱいマッサージを正しくすれば、多くの方は母乳が出るようになるそうです。関連書籍がたくさん出ていますから、そうした情報を参考にしながらできる限り、安定期に入ってからするなど正しい方法で妊娠中から毎日おっぱいマッサージをしてみてください。わたしも妊娠中は、お風呂あがりにマッサージするのを日課にしていました。マッサージ中、子宮がはってきたと感じたり、キューンとなったときはやめてください。

ストレスや食生活でおっぱいの出が悪くなることもあるようです。妊娠中や出産後はできる限りストレスの要因を取り除き、食生活も血液がサラサラになるような食事を意識されるといいでしょう。

前述のように焼肉やファーストフードのような脂っこい食事は血液をドロドロにして、乳腺が詰まりやすくなります。そうした食事はできる限り避け、ご飯とお味噌汁、イワシ、サバ、サンマといった青魚、煮物や豆類、ヒジキといった和食中心の食事を摂るようにしてください。和食中心の食生活を続けると血液もサラサラになりやすく、母乳が出やすくなります。もちろん母体の健康にとっても最適な食事といえます。

そのほか繰り返しになりますが、できる限り食品添加物の少ない食材や調味料を選ぶことも大切です。普段からの心がけはもちろん、妊娠中は体をつくる一番大事な時期ですので、とくに意識する必要があります。

それでも、どうしても母乳が出ないママへ……

母乳の大切さをいろいろと書きましたが、母乳の栄養が大切なわけではなく、母乳の時間のスキンシップがもっとも大切だということですから、おっぱいが出ない方も、今まで書いてきた授乳方法でミルクを与えてあげれば、まったく心配はいりません。ご安心ください。

前開きの服を全開にして、両方のおっぱいを出した胸に赤ちゃんを抱っこして顔を笑顔で見てあげたり、お話をしながらミルクをあげてください。赤ちゃんは、ママのおっぱいや肌の感触を手で触って楽しみながら、お腹のなかにいたときにずっと聞いていたママの心臓の音に安心して、穏やかな気持ちになれます。ミルクは絶対に寝かせたまま与えたりしないでください。必ず抱っこして胸に触れさせながら飲ませてあげてください。そうしてあげれば、母乳は出なくてもまったく心配いりません。心の栄養がたっぷりととれて、母乳を与え続けたと同じになりますから……。

お母さんにべったりは、母子のつながりが濃い証拠

小さなお子さんを持つお母さんは、一日中、子どもが離れず大変な思いをされているかもしれません。しかしお母さんにべったりの状態は悪いことではなく、母子のつながりが濃い証拠なのです。

お子さんは、大好きなお母さんから離れるのが不安で不安でしかたがありません。かつて妊娠中は同じ肉体だったわけですから、生まれて数年で離れて自立するのはまず無理です。

反対に、お母さんが子どもに厳しすぎたり、子どもがお母さんのことをあまり好きになれない場合、子どものほうから早く親と離れてしまい、中学生くらいになると家に帰って来なくなったりしてしまうかもしれません。中高生になって友だちの家に入りびたりになり帰って来なくなってしまわないためにも、とびきりかわいい乳児期や幼少期に一生分のスキンシップをするつもりで、親子の時間を楽しむ余裕

を持ってほしいのです。

弟や妹が生まれたときは、お兄ちゃん、お姉ちゃんとしての自覚が芽生えるタイミングです。お母さんの大きなお腹をお兄ちゃん、お姉ちゃんに撫でてもらい、「早く生まれてきてね」と、生まれてくる赤ちゃんを一緒に見守ってあげましょう。

弟や妹が生まれて以降、下の子にかかりきりになると、これまでお母さんとべったりできていたお兄ちゃん、お姉ちゃんが寂しい思いをしてしまいます。だから下の子が妊娠中も、生まれてからも、お兄ちゃん、お姉ちゃんに対して「お母さんはあなたが一番大好きよ」と愛情たっぷりの言葉で伝え続けてあげてください。そうすることでお兄ちゃん、お姉ちゃんは安心し、弟や妹の面倒を率先してみてくれるようになるでしょう。

最近、お子さんのアトピーで悩まれている方からの相談や質問が増えています。アトピーはアレルギー体質などももちろん影響していますが、お子さんのストレスが原因の一つになっている可能性もあります。

小さいお子さんの場合、外で受けるストレスは親が守ってあげることができます。

親が子どもを常に認め、理解し、やさしく包み込んであげることで子どもは安心感を抱き、仮に外でストレスを受けたとしても親の愛情でその負担を和らげることができます。

では、小さい子どもにとって何がいちばんのストレスかといえば、じつは親が原因となってしまうことがあるのです。一緒に生活する親に愛されずに育てられてしまうと、子どもは逃げ場がありません。いちばん安心できる場所であるはずの家のなかで常に緊張を強いられると、子どもはしだいに心身のバランスを崩していきます。その結果、もちろんほかにも原因はあるものの、ストレスが引き金となって子どものアトピーの症状が悪化する場合があります。

家のなかを清潔に保ったり、食事に気をつけたりといった対策も大事だと思いますが、お子さんの心のケアについても気を配ってあげてみてください。

とくに子どもの心は、お母さんの心と直結しています。ですから、何よりまずお母さんがストレスをため込まず、心穏やかに過ごすことを第一に考えてみてください。そのために夫婦仲やお舅《しゅうと》、お姑《しゅうとめ》さんとのよい関係を築いておくことも大切でしょう。また、子どもに期待し過ぎるのもよくありません。無理に習いごとをさせたりするのがストレスになっている場合もありますから。

このように、母子のつながりを深めておくことで、アトピーの症状が和らぐ場合もあるのです。ぜひ参考にしてみてください。

子育てには、時間をかけるタイミングが必ずある

子どもが生まれてから生活が一変し、もっと自分の時間がほしいと思っているお母さんも多いはずです。しかし子育てには、一生のうちに時間と手間をかけなければならないタイミングが必ずやってきます。どうせなら、一番かわいい時期に時間と手間をたっぷりとかけ、育児を思い切り楽しんでください。

おっぱいの時間を含め、この時期に深めた母子のつながりは一生の宝物です。この貴重な時期に育児をおろそかにしたばかりに、中高生や大人になってから手がかかる子どもになっても大変です。

しかし同時に、仮に育児を失敗したかもしれないと思っても、手遅れになったわけではありません。どのタイミングでも時間をかけて愛情を注いであげることで、母子のつながりを深められるのです。

思春期の反抗期に差しかかり、会話もない親子関係になってしまった子どもと、どう接していいかわからないというお母さんもおられます。そんなときは、愛情をたっぷりと注いで美味しい料理やお弁当をつくってあげてください。

なるべく冷凍食品などの即席のものは使わず、愛情を込めて手づくりを心がけます。そうすると、お母さんの愛が子どもに伝わっていき、思春期を過ぎたころにまた変化があらわれてくるでしょう。

わたしは出張が多く、お弁当がつくれない日もありましたが、つくれる日はすべて手づくりをしていました。自分で手づくりをしたものを冷凍しておくことはありましたが、冷凍食品はほとんど使いませんでした。

仕事が終わってから夜なべをしてお弁当の仕込みをしていましたから、睡眠時間は三~四時間でした。しかし「母は強し」というように、子どものためであればがんばれるものです。

お弁当をはじめとした料理をつくるとき、「○○君、○○ちゃん、愛してるよ～」「大好きだよ～」「かわいいよ～」「愛情いっぱい入れ～」「おいしくなれ～」などと実際に言葉を出してみてください。思いを込めた言葉を口にすることで、そのお母さんの愛情が料理にたっぷりと込められますから。

お子さんが生まれた日の喜びを話してあげて

母子のつながりを深めるために、ぜひお子さんに伝えてあげてほしいことがあります。お子さんが生まれたときにどれほど嬉しかったのか、その母親の気持ちを何度も聞かせてあげてほしいのです。

「あなたが生まれてくれて、どれほど嬉しかったか」
「あなたの存在がお母さんにとってどれほど大切か」

そんな話をしてあげると、お子さんはきっと母親のひたむきな愛情を心で受け止めてくれるでしょう。

お子さんが思春期や反抗期に入ってくると、「またその話。何度も聞いたからもういい」と、そっけない態度を取られることもあるかもしれません。それでも構いませんから、くどいほど言い聞かせてあげてください。

生まれたときの喜びだけではありません。赤ちゃんを授かったときの喜び、妊娠中にどんな気持ちで過ごしていたのか、乳幼児期にどれほどかわいかったのか、事あるごとに教えてあげてほしいのです。苦労したことではなく、嬉しかったことや楽しかったことを話してあげてください。


今年八十五歳になるわたしの母も、よく聞かせてくれます。毎年、わたしの誕生日が来るたび、わたしが生まれた日の話をしてくれるのです。

何時くらいに陣痛が始まって、何時くらいにあなたが生まれ、そのときどれほど嬉しかったか——話の内容はいつもだいたい同じです。それでも毎年、誕生日に話を聞かせてもらうたび、「わたしを産むのがそれほど大変だったんだ」「子どもの誕生日は親としても忘れられない嬉しい日なんだ」と、あらためて子を思う母親の気持ちを感じることができます。この話を聞くたびに、親子の絆がより深まっていく思いがしています。

昔は正直、「またこの話ね」と思うこともありました。ですが自分自身が成長し、生活環境が変化すると、母親の話の受け止め方が変わってきたように思います。たとえば、独身のときと子どもができてからでも、受け止め方は異なりました。自分も親になることで、「母親が言っていたのはこういうことだったのか」と、少しずつわかるようになったのです。子どもが二人とも大学生になり、育児の手が離れたいま、母の話を聞くと、親の子を思う愛情の深さをあらためて感じずにはいられません。

子どもに話をしてあげるためにも、できればお母さんの記憶があるうちに、思い出を書き留めておくことをおすすめします。子どもが生まれてからのお母さんは忙しく、あわただしい日常を過ごすうちに、いつしか子どもが生まれたときの感動を忘れてしまいがちになります。「あれ？　陣痛で大変だったのは何番目の子どものときだったかな?」といったふうに、記憶があいまいになってくるのです。

記憶を記録として残すことで、お母さん自身が自分の気持ちを再確認することもできます。仮にいま、お子さんが反抗期で思うように話をしてくれない時期を迎えていたとしても、その日記を読み返すことで「こんなにかわいい時期があったんだ」「この子にはじめて会えた日はこんな思いだったんだ」と、忘れかけていた気持ちを思い出すことだってできます。

お子さんの誕生日は、お母さんの出産記念日でもあります。子どものためにも、お母さん自身のためにも、その日の感動をぜひ思い出してみてください。

そして、「生まれてきてくれてありがとう!!」と、何度でも、お子さんに言ってあげてください。

母子のつながりの深さ

母子のつながりの深さは、それはそれは濃いものがあります。このことをあらためて教えていただいた話があります。

以前、大変懇意にしていた方がいらっしゃいました。七〇歳を過ぎた女性で、各界の要人もその方のもとに相談に訪れるような人格者でした。わたしもご縁をいただいて、パーティーなどの集まりに参加させてもらっていました。

あるとき、その方から連絡をいただきました。「来月の二十五日がわたしの誕生日で、その三日後の二十八日に誕生日会をするから大森さんもぜひ来てください」とお誘いをいただいたのです。しかしそのパーティーの翌日は大きなセミナーの出演を控えており、他県まで行くことはできなかったので残念ながら参加できず、前もって誕生日のプレゼントと手紙をお送りしていました。

突然のことでした。その方が、二十五日の誕生日当日に亡くなられたのです。誕生日会を開催する予定だった二十八日は、お葬式になってしまいました。

ご家族の悲しみは深く、その方の娘さんも大変落ち込んでいました。わたしは娘さんとも何度かお会いしていたこともあり、出張先の福岡のホテルから一度、お電話をさせていただきました。

娘さんはお母さんをとても頼りにされていたこともあって落ち込みが激しく、さらにお母さんが生前になさっていた仕事を自分が継ぐことができるかどうか、不安に思われていたのです。

すると、娘さんと電話で話をした夜のことでした。突然、亡くなられたその女性がわたしの足元に立たれたのです。

こんな話をすると読者の皆さんは驚かれると思いますが、わたしはスピリチュアルカウンセラーとして亡くなられた方にお会いしたり、お話をさせていただいたりすることができます。このことを踏まえてもう少し、話の続きを読んでいただければと思います。

ホテルの部屋に出てこられたその方に「どうされたのですか?」と聞くと、「いまのわたしの状況を娘に伝えてあげてほしい」とおっしゃいます。そして死後の世界でいま現在はどのような修行をしているのか、ひと通り話して聞かせてもらいました。

死後の世界では、生前の罪によってさまざまな修行の場が用意されています。大変苦しいことも多いのですが、その方はご自身の苦しみはさておいて、娘さんのことばかり心配されるのです。

　娘さんに対するひたむきな思いをうかがいながら、人間は肉体を脱いでもなお、子どもに対する強い気持ちを変わらず持ち続けていると教えていただき、心を打たれました。

　最後に、その方からもう一つ、お願いをされました。

「二日後の十五日が娘の誕生日で、本当は娘と一緒にお祝いをする予定でした。一緒に祝ってあげられないので、大森さんがわたしに代わって娘を祝ってあげてほしい」

　そうおっしゃるのです。

　しかし、娘さんの誕生日の十五日もわたしは講演会の出演を控えていました。事情を説明したうえ、「残念ながらタイミングが合わないのです」とお伝えすると、「それなら娘に何か気の利いた誕生日プレゼントを贈ってあげてほしい」とお願いされてしまいました。

そこまでおっしゃるのなら、できる限りのことはさせていただきたいと思いました。とはいえ、娘さんとは何度かお会いしていたものの、そこまで親しかったわけではありません。十五日が本当に娘さんの誕生日かどうかすら、わたしは知らないのです。それでも亡くなられたお母さんがおっしゃるのだから間違いないだろうと思い、プレゼントを購入してお贈りすることにしました。

お願いされたのが十三日の夜で、誕生日は二日後の十五日。時間がありません。翌日の十四日に福岡の百貨店に行き、いろいろ探すなかで最終的に名刺入れにすることに決めました。

今後、娘さんはお母さんがされていた仕事を継がれると聞いていましたから、これから名刺をつくって配られるはずです。亡くなられたお母さんから「気の利いたプレゼントを……」とお願いされていたこともあり、そのお母さんが好きだったブランドの質の良い名刺入れがいいのではと閃《ひらめ》いたのです。

そこでビタミンカラーであるオレンジの名刺入れを購入し、メッセージをつけてお送りしました。そのブランドの代表的カラーでもあるオレンジは人気色で品切れしていることも多いのですが、在庫があったことから、あらかじめこれに決められていたのだわ！　と思い、少し奮発して、お送りすることにしたのです。

すると誕生日翌日、びっくりした娘さんがお電話で「どうしてわたしの誕生日がわかったのですか！」と連絡してこられました。

「信じてもらえるかどうかはわからないのですが……」と前置きしたうえで、お母さまからお願いをされた事情をひと通り説明すると、娘さんは電話口でもわかるほど号泣されました。亡くなってもなお自分を思う母の気持ちを知り、感極まられたのだと思います。

娘さんの誕生日は、亡くなられたお母さんと娘さん、そして弟さんの三人で、行きつけの料亭を予約されていたそうですが、予約をしたお母さんが亡くなられたのでキャンセルする予定だったそうです。それを、「せっかく母が予約をしてくれていたから」と思い直して、急きょ、娘さんのお子さんと弟さんと三人で料亭にご飯を食べに行くことにしたそうです。そして、料亭に出かけようとしたそのときに、わたしからの宅急便が届き、開けると誕生日プレゼントが入っていて、とても驚いたということだったのです。

わたし自身、最初は少し迷いもありましたが、お母さんの代わりに娘さんにプレゼントをお贈りできて本当によかったです。母子のつながりの強さを再確認させていただけるよい機会となりました。

後日、娘さんとお話をした際に「生きているうちにもっと親孝行をしておけばよかった」とおっしゃられました。そんな娘さんに対して、神様から次のような言葉をいただきました。

わたしはスピリチュアルカウンセラーとして、神様からのお言葉を受けて人びとにお伝えする活動もしています。そんなわたしを通して神様が、娘さんにメッセージを届けてくださったのです。


子どもから親孝行をしてもらいたいなどと、親は思っていませんよ。

子どもが元気で幸せそうにしている姿が見られればそれでいい。

子どもの幸せが親の喜び！

親は子に対して無償の愛を捧げている。何一つ見返りなどは求めていません。

子は無償にかわいい。愛しいからいろいろしてあげたくなる。

ただそれだけ……。

「ああしておけばよかった」「こうしてあげたかった」

と後悔するより、あなたが毎日を大切に、

心から楽しいと感じながら生きること……。

これが一番の親孝行でもあり、親への恩返しです。

この神様の言葉をお伝えすると、娘さんは号泣されて「お母さん、ありがとう」と言われました。神様のおっしゃるように、毎日を大切に、楽しく過ごしていただ

きたいと願っています。

すでに親に先立たれている方でも、いまからできる親孝行の方法があります。それは、いま生きているあなたが毎日、明るく楽しく、元気に生きること。これがいちばんの親孝行になるのです。

親子の絆は肉体を脱いだ後も続いている

前項でも説明したように、わたしはスピリチュアルカウンセラーとしていろいろな活動をさせていただいています。他の法人主催のセミナーや講演会にゲストスピーカーとして出演したり、わたしが代表を務めるオフィスWATARASEが主催するセミナーに参加したり。ラジオのパーソナリティをさせていただくこともあれば、全国の相談者の方々の悩みに応えるカウンセリング（個人面談）もおこなっています。

カウンセリングをさせていただくと、相談者の方の亡くなられたご両親が出て来られることも少なくありません。そんなときもやはりご自身のことは何も語らず、息子さんや娘さんの心配ばかりされます。相談者の方に「お父さん（あるいはお母さん）があなたのことを大変心配されていますよ」と先立たれた方の言葉をお伝えすると、皆さん涙を流して聞いておられます。

肉体はなくなっても魂（心）はいつまでも存在しています。

以前、面談に来られたある女性の場合、亡くなられたお父さんが出て来られました。そして娘さんに対して、「毎日グレープフルーツばかり丸ごと置かれても食べられんわ」とおっしゃったのです。

「お父さんがこう言っておられますけど、グレープフルーツを毎日出されているのですか？」と娘さんに伺うと、ダイエットで毎日食べているとのこと。グレープフルーツをスーパーで購入後、まず仏壇の両脇に置かれているということでした。

お父さんは自分が食べるかどうかというより、娘さんに対して「そんなものばかり食べていて大丈夫か」と伝えたかったようです。お父さんは旅立たれてもなお、娘さんの健康のことを心配されていたのです。

また以前、こんなこともありました。

仕事の振り込みなどのために、銀行のキャッシュコーナーに行ったときの話です。わたしは、機械が三台ならんでいるうち、一番入口に近い機械を操作していました。やがて誰もいなくなり、その後しばらくすると自動ドアが開き、工場の制服のような服を来た中高年の女性が入って来られました。キャッシュコーナーの機械の鏡に映ったのが見えたのです。

その女性は一番奥の機械の前に行き、操作を始めました。機械が動く音がしましたが、どうやらうまく操作できない様子で、「はぁ～」というため息が聞こえてきます。「何かお困りでしたら、この電話で銀行の方と話せますよ」と言おうと女性のほうを見ると、なぜか誰もいないのです。

わたしは入口の前の機械にいましたから、わたしの後ろを通らなければ外に出ることはできません。誰も通ってはいませんし、自動ドアも開いていないのにもかかわらず、女性がいなくなってしまったのです。

その女性のことがとても気になり、神様にお伺いしてみました。

神様がおっしゃるには、その女性はすでに他界されていた人で、生前、工場で働きながら、女手一つで二人の男の子を育てていた方でした。女性は学歴の関係で思うような仕事に就くことができず、低所得だったことから、子どもたちには大学に行ってもらいたいと無理をして大学に進学させました。

女性は爪に火を灯すような質素な暮らしをしながら、毎月、この銀行に来て子どもたちに仕送りをしていたといいます。ですが思うような金額を仕送りしてやれず、そのたびに「はぁ～」とため息をついてトボトボと家に帰っていたのです。

やがて女性は栄養障害と過労が重なり、風邪をこじらせても病院に行けずに無理をして働き、それがきっかけで倒れて肉体を脱いでしまいました。

いまもあの世の修行には行かずに浮遊霊となり、「子どもたちが大学を出るまでは……」と工場に毎日行き、毎月、この銀行へ送金に来ている人だということでした（実際には送金できませんが……）。

親の子を思う気持ちはここまで強いものかと、あらためて教えられた気持ちになりました。

親を亡くされて寂しい思いをされている方もいらっしゃると思いますが、親子の絆は大変深く、亡くなってからもそのつながりはずっと続いていることをぜひ知っておいてください。

だから、親が子を思うように、子どものほうも時々、親を感じてあげてほしいのです。肉体を脱がれたあとも、親はいつまでも子どものことを思っています。常に気にかけて、心配してくれています。

残された子どものほうも、命日を偲《しの》んだり、親の誕生日に仏壇に好物だった食べ物を置いてあげたりするなど、親を思い、親に感謝する機会をつくってほしいのです。お父さん、お母さんの姿はたとえ見えなくても、必ず喜んでくれていますから。

本項の最後に、もう一つ、ある女性の言葉を紹介したいと思います。

その女性は末期のがんを患われていた方で、亡くなる数日前に個人面談をさせていただきました。

その方は旦那さん、同居中の下の息子さんとともに闘病生活を続けておられましたが、最後は入院せず自宅で療養されていました。自宅では痛み止めの薬を飲まなくても激痛はなく、個人面談の日は旦那さん、息子さんと一緒に車椅子で来てくださったのです。

面談で話を伺っていると笑顔も見せられて、しっかりと話をされていました。神様に伺うと、「あと数日です」とおっしゃったのですが、ご本人にはお伝えできず、あとでご主人と息子さんに「離れて暮らしている長男さんにも早く会わせてあげてください」とお伝えしました。

長男さんは面談の四日後に自宅に駆けつけて、お母さんに顔を見せることができ、大変喜ばれたそうです。最期は、「お父さん、お父さん」と呼び、ご主人に抱きかかえられながら安らかに息を引き取られたと伺いました。

その亡くなられた女性から、亡くなられた後に、「家族に伝えてほしい」とわたしにメッセージをもらいました。その言葉をここで紹介させていただきます。

※二人の息子さんは「お兄ちゃん」「弟君」と表現させていただきます。

お父さん、弟君、お兄ちゃん、本当にありがとう。
今まで、本当にありがとう！
わたしは、素敵な人生を送れたよ。今、つくづくそう思うよ。
もう苦しくないからね、どこも痛くもない。
あ～楽になれた！ やっと楽になれた！
ガンなんかになるもんじゃないよ。
もっと自分の体を大切にすりゃあよかった。
お父さんの年金で生活していけるのに、
少しでもお金が入った方がいいし……なんて思って、
歳も考えずにあくせく働いて余分なものを買っちゃったね。

一体、何やってたんだろうね、わたし……。

だったら、お父さんともっと旅行でも行けばよかったね。

おばあちゃん（おばさん）を預けてさ!!

今更、もうどうしようもないか!!

大森先生の面談も受けられて、気持ちいいパワーも入れてもらえて、おまけにお兄ちゃんにも会えた。ずっと会いたかったよ、お兄ちゃんに。

お兄ちゃんは、しんしょをかまえてる（所帯を持っている）から、

あまり邪魔しちゃいけないからさ、遠慮してたんだけど、

大森先生が息子に会うようにと背中押してくれたから、やっと会えた！

久しぶりに家族が揃って、嬉しかった〜

もうこれで思い残すことはない!!　と思えたよ。

お兄ちゃん、来てくれてありがとう。お母さんは、安心して旅立てます。

お兄ちゃんの顔を見たら、ホッ!!　としちゃったよ。

もう死んでもいい!!　と思ったら、わたし、本当に死んじゃったよ!!

冗談じゃなく、本当にね。

わたしは、お金が一番大切だ!! と思ってた時もあったけど、今は違うよ。

お金なんて、持っていけやしないもんね。

お母さんが、これから先も、ず〜っと持っていけるものは……。

お母さんの本当の財産は、思い出だよ。いい思い出だけじゃなく、

お父さん、弟君、お兄ちゃん、

先立った同居してたおばあちゃんとケンカしたことも、

今は素敵な思い出だと思える。

お父さんと結婚して、お兄ちゃんと弟君が生まれて、

ぜいたくな暮らしはできなかったけど、いつも家族がそばにいて、幸せだった。

お兄ちゃんの子ども(孫)にも恵まれて、千葉にいたときは会えたしね。

お兄ちゃん、これから店を出すとか言ってたけど、お金は大丈夫かい?

仕事で夜遅くなるから、これから寒くなるし、体には気をつけるんだよ!

無理すんじゃないよ。何かあったら、お父さんに相談しなよ!!

わたしはもう聞いてやれないからさ。

弟君、弟君は小さいころから体が弱くてさ、

いつもお母さんは代わってやりたいと思ってたよ。

心配で心配でね。自分の体が辛いより、我が子の体が辛い方が、

親にはこたえるものね。

無事に成人できたときは、本当に嬉しくてね。

あっという間だね。一生なんてさ!!

終わってみると、短いもんだね。

苦しいことがあると、こんな苦しみがいつまで続くんだろうってよく思ったけど、いつまでも続く苦しみなんてないんだね。

今は、いろいろなことから、解き放たれたっていうのかな?

何とも言えない解放感というか、それに達成感もあるよ。

だって、わたし、いつも一生懸命に生きてたからさ!!

がんと言われてからも、自分なりに頑張ったよ。

お父さんもそうだよね。お父さんとは運命共同体だったと思ってる。
よくわたしをかばってくれたし、
わたしのわがままも許してくれたから、感謝しかないよ。
もうお父さんに料理をつくってやれないから残念だけど、
弟君と二人で頑張って体にいいものつくって食べなよ！
弟君がいい人と出会って結婚できるか心配です！　と、さっき神様に祈ったら、
「今は、そんなことより、自分の心配をしなさい！」と、
神様に言われてね…お父さん、弟君のこと、頼みます。
あの子は優しい子だから、女に騙されやしないか心配でね。
お兄ちゃんも優しい、お父さんも……。

おばさんの面倒、最後まで見られなくて、ゴメンネ！
お父さん、ありがとう！　思い出いっぱい、ありがとう！

母子の究極の絆

母子の究極の絆は、二人がへその緒でつながっていたという事実です。このことに関連した神様のお言葉を頂戴していますので、本章のまとめとしてご紹介させていただきます。
（二〇一五年十二月十三日に長崎でおこなわれた講演会にゲスト出演をさせていただいた際に、参加者の皆さんにお伝えした神様からのお言葉です）

人間達は、愛、愛と口にしますが、本当の愛のわからない人間も多い！
人を愛すること！　動物を愛すること！　植物を愛すること！
物質を含め、万物すべてを愛するということ！

それができる人間は、まず自分自身を心から愛している者です。
その大切な自分自身の肉体とへその緒がつながっていた母への感謝なくして、
本当の愛はわからない！　人類愛は持てない。
どんな人にでも、産んでくれた母はいる。
産みの母を知らずして育った人にも、
へその緒がつながっていた母体は必ず存在した。
子を産む!!　というのは、自分の命をかけるということです。
自分の命を犠牲にしてでも子どもの命を守りたい！
そんな強い母性愛がなければ、自分の体に宿った子は産めない。
どんな母親であってもそうです。
それを無意識のなかで思っているから、産めるのです。
自分が、今こうして、肉体を持って存在をしている！
それは、自分に命をかけてくれた人…
母という存在がいたからこそなのだということを

決して忘れないでください。
母の大きな愛をもっと感じてください。
あなたはいかに愛されているのかを理解するように…
そして、あなた自身を大きな愛で包み込んでごらんなさい！
肉体を持ち、この世で大きなことはできないかもしれませんが、
小さなことをコツコツと大きな愛ですることは、
あなたにもできるはずです。
早く本当の愛を理解し、
我々高次元の存在へと近づいてくるのですよ。
いつもあなた方を待っています。

終章　子どもの未来をつくる育児

戦争の現実を子どもたちに伝えてあげて

二〇一五年、日本は戦後七〇年を迎えました。

太平洋戦争末期の一九四五年三月に住民を巻き込んだ地上戦が沖縄本島ではじまり、八月六日には広島市に、八月九日には長崎市に原子爆弾が投下されました。その五日後の八月十四日、日本政府がポツダム宣言の受託を連合国側に通告し、翌八月十五日、昭和天皇による玉音放送によって日本の敗戦が国民に知らされました。

それから戦後七〇年間にわたり、日本は一度も戦争をすることなく、平和国家を築き上げてきました。

ところが戦後七〇年という節目を迎えた二〇一五年九月十九日、集団的自衛権の行使を認める安全保障関連法案が、参院本会議で大変な混乱のなかで可決されました。戦後の安全保障政策は大きな転換期を迎えたといえます。

集団的自衛権とは、日本政府の解釈によれば「自国と密接な関係にある外国に対する武力攻撃を、自国が直接攻撃されていないにもかかわらず、実力をもって阻止する権利」とされています。

つまり今後、日本はどこかの国から直接攻撃を受けていなくても、他国が攻撃を受けた場合に反撃できるということです。

これまで集団的自衛権の行使は憲法第九条で制約されていました。それにもかかわらず、憲法の解釈を無理やり変えて行使できるようにしてしまったのです。この日本政府の動きを見ても明らかなように、いま日本は、ふたたび戦争へと向かうのではないかと危惧する状態にあります。

戦争がいかに恐ろしく、いかに悲惨な状況を生み出すのか。これからの日本の平和な未来を担う子どもたちに、お父さんやお母さんたちが繰り返し伝えてあげてほしいと願っています。

小さなお子さんを持つお父さんやお母さんの世代の方々は、戦争を経験しているわけではありません。それでも、子どもたちを広島や長崎につれていき、原爆によって人びとがいかに苦しい思いを強いられたのかを教えることはできます。

あるいは地上戦が繰り広げられた沖縄に行き、沖縄の人たちがどのような思いで本土を守ってくれたのかを伝えてあげることはできます。また、鹿児島県の知覧には、特攻平和会館があります。そこでは、特攻隊員の方々がどのような思いを抱き、若くして亡くなっていかれたかを知ることができます。

戦争ゲームしか知らない子どもたちは、脚色された戦争映画を見て楽しんだり、戦闘機やミサイルにカッコよさを感じたりすることがあるかもしれません。それはとんでもないことです。愚かな戦争、その歴史的事実を風化させては絶対にいけません。

戦争の現実を子どもたちに伝えることで、国と国の争いがいかに無意味で大きな犠牲を伴うのかを理解させてあげることができます。

同時に、人の痛みや気持ちがわかる子どもに成長していきます。戦争に巻き込まれた人たちがいかに苦しく、辛く、悲しい思いをしてきたのか。そうした現実をお父さんやお母さんたちが子どもたちに教えてあげることで、辛い人に寄り添って生きていけるお子さんに必ず成長していくでしょう。

戦争は絶対ダメ！

以前、岡山出張の際にホテルで何気なくテレビをつけると、国会中継の様子が映し出されました。ある国会議員の答弁の最中で、見るともなく見ていると、何やらテレビから「えーえー」という人の声のような音が聞こえてきます。

答弁をしている議員さんの声ではないのですが、「えーえー」と喉に何かが詰まったような声が明らかに聞こえてきます。中継中に異音が入ればテレビ局がすぐ対処するはずですが、いっこうに収まる気配はありません。

わたしにだけ聞こえる声かどうかを確認したくて、一緒に出張に来ていた方に電話ですぐお知らせし、その方にも部屋でテレビをつけて見てもらったところ、やはり同じような声が聞こえるとのこと。わたしは記録に残すため、念のためにスマートフォンで中継の様子を撮影しました。

その後も中継を見ていると、答弁している議員さんの横に肉体のない一人の男性が現れました。誰だかよく見てみると、書籍ではお伝えできないものの、ある方だというのがわかりました。

当時、集団的自衛権をめぐるやりとりが繰り広げられていた時期だったこともあり、その方は「このまま法案が可決すると日本は戦争の道を歩み、いずれ第三次世界大戦に突入してしまう。だから何としても集団的自衛権の行使を認める安保法案の可決を阻止したい」という思いで国会の邪魔をされていたのです。

わたしたちは戦争の過ちを繰り返しては絶対にいけません。戦後七〇年間、戦争のない平和な国づくりをしてきたのですから、世界情勢が変化しているとはいえ、今後も日本は戦争を彷彿《ほうふつ》とさせるような方向に舵を切ることはあってはならないと強く感じています。

日本人の誰もが、中国や朝鮮半島に生まれている

国と国の争いごとは、自分たちの子孫と戦うのと同じ意味を持っています。なぜなら、わたしたち日本人は輪廻転生において、生まれ変わりのなかで近隣の中国や朝鮮半島で生まれたことが必ずあるからです。わたし自身も一二〇〇年前には朝鮮半島に生まれていたと神様より聞かされています。

わたしたち日本人の誰もが中国や朝鮮半島で肉体を持って生活していたということは、そのときの自分の肉体の子孫、血縁がいまでもその地で暮らしているということです。いま日本は中国や韓国、北朝鮮などと緊張関係にありますが、自分の子孫が暮らしていると知れば、そうした国々とにらみ合うのはいかに愚かなことか、理解できるはずです。

世界中の人びとは同じ同胞、いわば同じ地球人です。それにもかかわらず、いま目の前の出来事や感情に左右され、喧嘩をしたり言い争いをしたりするのは、長い

歴史を大局的な観点から見ようとしていない証拠です。「木を見て森を見ず」とは言い得て妙で、一時的にしか物事を見ることができない人が増えていると危惧されてなりません。

わたしたち一人ひとりが地球人として、長い歴史のなかでの人間の生まれ変わりの事実をみつめれば、自分の子孫に腹を立てるのは大きな間違いだということがわかります。世界中の人びとがこうした気持ちを持てば、世界各地で戦争や紛争は起こらないと思うのです。

これと関連した内容として、以前、神様からお言葉をいただきました。ここで紹介させていただきます。二〇一五年八月二十八日に広島でおこなわれた講演会にゲスト出演をさせていただいた際に、参加者の皆さんにお伝えした神様からのお言葉です。

いまから七〇年前、八月六日、この広島の地に、
人間たちがつくった大量殺人兵器である原子爆弾が投下された。
これにより、多くの人間たちが肉体を脱ぐこととなった。
そして広島の街は変わり果て、一瞬で死の街と化した。
その後もその痛みは続いている。
物事は偶然、たまたま意味のないことなど起こることはない。
そして人間たちは、すべて我々神の子！
人種に関係なく、人間はみな同胞なのです。
戦争により、兵士たちが出向いた戦地というのは、
ほとんどが縁のある土地です。
たいていは、自分の過去生においてその土地に生まれていた者たちなのです。
広島に原爆を落としたアメリカ軍の兵士たち、
それを命令した者も、かつてはこの広島に生まれ、生涯を終えた者たちです。
その過去生で肉体を持ち、広島の地に住み、子孫を残し、

肉体を脱ぎ、四次元へと帰っていった。
再び、肉体を持ち、アメリカ人として暮らし、兵士となり、
かつての自分の肉体の子孫が住んでいるとは知らず、
原爆を落としたり、攻撃をしたりして、
自分たちの子孫を殺してしまう浅はかな人間たちよ！
目覚めなさい。
いま目覚めて、この広島の地から核撲滅！　戦争反対！　を訴え続けるのです。
それが今生、この広島の地に縁を持ち、
生まれてきた者たちの役目なのですよ。
少し急がなくてはなりません。
世の中が再び戦争へ向けての色が濃くなりつつありますから……。
あなたには、できます。それができますから……。

戦争の絵本やビデオを見せてあげる

育児中のお母さんと話をしていると、子どもにどのような絵本やビデオを見せればいいのかわからない、何を話して聞かせてあげればいいかわからない、といった相談をされるときがあります。

そうした場合、ときには戦争の悲惨さを伝える作品を選び、子どもさんに見せてあげてほしいと思います。

たとえばビデオでいえば、ジブリ作品の『火垂るの墓』。作家・野坂昭如氏原作の小説を映画化した作品で、戦争で両親を失った幼い兄妹が終戦前後の混乱のなかを必死に生き抜こうとする壮絶な物語です。多くの方が一度は見たことがあるでしょう。

物語の主人公の兄と妹は二人寄り添い、厳しい現実を見据えながら逞しく生き抜こうとします。ところが妹はやがて栄養失調となり、大好きな兄に看取られながらこの世を去っていきます。何度見ても悲しい結末に涙をこらえることができない作品で、人によっては見るのが辛く、お子さんにはもっと明るい映画を選んであげたいと思われるかもしれません。

後述するように、明るく夢のある物語もとっても大切ですが、同時に、戦争のむごい現実を子どもたちに伝えてあげることも大事です。戦争をして得になることはただ一つもないのです。過ちを二度と繰り返さないためにも、戦争を知らない子どもたち、日本の未来を担う子どもたちに、戦争の事実を正しく伝えていくのがわたしたち大人の役割です。

『火垂るの墓』以外にも、戦争を伝える映画やドキュメンタリーはたくさんあります。勘違いしないでいただきたいのは、戦争を美化するような映画――たとえば戦闘機のパイロットが主人公になったような、カッコよさを演出した映画などは、お子さんには積極的には見せないでください。

カッコいい戦争なんていうものはあり得ません。戦争の現実に目を向けず、パイロットという一部分を切り取って脚色を加えた映画は、純粋な子どもたちに大きな誤解を与えてしまいます。少なくとも、お子さんが自分で考える力を身につけるまでは、目を背けたくなるようなシーンもあるかもしれませんが悲惨な現実を描いた戦争映画を意図して選んであげてください。

戦争は惨めで、悲惨なものでしかありません。いままで築いてきた大切な「物」と「者」を一瞬で奪い去ってしまう残酷で、残虐なもの……。戦争で平和は絶対に勝ち取ることはできないのです。

子どもに読んであげたい絵本について二冊ご紹介したいと思います。

まず一冊目は、アメリカ生まれの日本語詩人アーサー・ビナード氏の絵本『ここが家だ——ベン・シャーンの第五福竜丸』（集英社）です。タイトルにもあるように、アメリカ軍の水素爆弾の実験に巻き込まれた日本の遠洋マグロ漁船「第五福竜丸」

が主題として描かれています。

一九五四年、第五福竜丸はマグロ漁のために二十三名の漁師を乗せ、静岡県焼津市の焼津港を出港しました。その後、太平洋上に浮かぶ小さな国の一つ、マーシャル諸島共和国のビキニ環礁に差しかかったときに西の空が真っ赤に燃えました。それはアメリカ軍の水爆実験であり、漁師たちは空から降ってきた大量の白い灰をかぶってしまいます。その灰とは、後に「死の灰」と呼ばれた、放射性物質を強く帯びた砂で、漁師たちは大量に被ばくしてしまったのです。

以降、漁師たちは頭痛やめまいに苦しみ、次第に髪の毛が抜けはじめました。そうした被爆後の症状に苦しみながらも漁師たちは懸命に船を操り、母港の焼津に帰還します。しかし二十三名のなかで最年長の漁師が亡くなるなど、最悪の結末を迎えてしまいました。

ビナード氏の絵本はこの第五福竜丸の被爆の事実を通して、水素爆弾（核兵器）の恐ろしさをわたしたちに伝えてくれています。世界には核兵器を持つ国がありますが、それがいかに恐ろしいことかをお子さんに理解させる内容です。

もう一冊は、イギリスの絵本作家レイモンド・ブリッグス氏の絵本『風が吹くとき』（あすなろ書房）です。イギリスで一九八二年に発表された作品で、後に日本語訳として出版されました。

戦争が間近に迫っていたある日のこと。のどかな暮らしを続けていた老夫婦の生活は、ラジオから流れてきた緊急ニュースで一変します。三日以内に核シェルターをつくるよう、ラジオを通して政府から指示があったのです。老夫婦は州政府から配られたパンフレットを参考に核シェルターを作製。すると数日後、ふたたびラジオが鳴り響き、敵国から発射された核ミサイルが三分後に着弾するといいます。

老夫婦は核シェルターに飛び込み、街全体に爆風が押し寄せたあと、外に出てみると――まわりは見るも無残な状況に変わり果てていました。老夫婦も被爆し、やがて髪の毛が抜けたり、体のあちこちから出血したりするなどして、放射能が二人の体を蝕んでいきます。

ビナード氏の絵本と同様、核兵器の恐ろしさをリアルに描いた絵本です。被爆の恐ろしさを伝える内容ですが、作者のレイモンド・ブリッグス氏は『さむがりやのサンタ』（福音館書店）といった絵本にも見られるように、ぬくもりあふれるイラストが特徴の作家なので、小さなお子さんでも親しみやすさがあると思います。

我が家でも『風が吹くとき』を子どもたちに何度も読み聞かせをして、核兵器や戦争の怖さを教えたのを思い出します。

そのほか、日本の漫画では、広島市出身の漫画家・中沢啓治氏が自身の被爆体験を元に描いた『はだしのゲン』があります。戦争の現実をリアルに表現した作品で、数年前には学校の図書館に『はだしのゲン』を置く是非が問われたこともありました。一部で苛烈な表現が含まれているのが論争の火種ですが、しかしそこに描かれているのは事実です。

小さなお子さんにとっては目を覆いたくなる描写もあるでしょう。しかし戦争を二度と引き起こさないためにも、現実を子どもから遠ざけるのではなく、向き合わせることも大事なのではないでしょうか。

宇宙のルールをやぶってはいけない

わたしは自身の著書で、神様が定めた宇宙のルールを何度となくお伝えしてきました。とても大切なことなので、内容が重複する面はありますが、本書にも抜粋して記しておきたいと思います。

神様が定めた宇宙のルールとは、「原子の分解をしてはいけない」「人間が人間を裁いてはいけない」「人間が人間をつくってはいけない」の三つです。

一つ目は、原子爆弾や原子力発電所の開発につながる話です。人間は宇宙のルールをやぶって核開発を続けてきました。そのルールをやぶればどのようなことが起きるのか、原爆の脅威や福島第一原子力発電所の事故をみれば明らかでしょう。

原子を分解して核開発なんてしても、核のゴミを正しく処理することすら、いまの地球文明ではできないのです。前項で紹介した絵本や漫画もルールを犯した過ちの報いがどれほど恐ろしいかを伝える内容といえます。

二つ目は、文字どおり人間が人間を裁いて罰を与えることです。しかしこうお伝えすると、「悪いことをしている人がいても見て見ぬふりをしたほうがいいのか」「あまりに理不尽なことを言われても我慢しなくてはならないのか」といったふうに誤解される方がいらっしゃいます。

間違ったことをしている人に対して「それは間違っていますよ」と伝えるのは大切なことです。それは宇宙のルールで示された裁きではありません。神様が定めた宇宙のルールとは、間違ったことをしたその人を殴ったり、刑罰を与えたりすること、あるいは心で軽蔑したり、人間が死刑を宣告したりすることです。この点を勘違いしないでいただければと思います。

とはいえ、間違っていることを人に伝えるのは難しいものです。ストレートに言うのではなく、具体的にどう間違っているのかを相手が納得するように伝え、相手の気を悪くさせない配慮が求められます。

三つ目は、クローン人間をつくることです。つまり遺伝子を操作し、人間の組織や人間そのものをつくってしまうことです。

「iPS細胞などを使った再生医療は問題ない」と神様はおっしゃいました。しかし同時に、「再生医療で臓器をつくるだけで留まれないのが人間です」ともおっしゃっています。

人によっては、人工授精もいけないことと勘違いしてしまった方もいらっしゃいました。人工授精や体外受精といった不妊治療がいけないというわけでは決してありません。人工授精、体外受精による不妊治療の努力をされることは間違いではないのです。ご安心ください。

わたしたちは神様が定めた宇宙のルールを守らなければなりません。このこともお子さんたちにぜひお伝えしてほしいのです。

夢のある絵本やビデオも見せてあげる

戦争の現実や宇宙のルールの話を伝えるだけでは、子どもたちは恐怖心を抱いて萎縮してしまいかねません。ですから、夢のある絵本やビデオもたくさん見せてあげてください。

夢のある物語といえば、やはり『シンデレラ』に代表されるディズニー作品の数々ではないでしょうか。

継母や姉たちにいじめられていたシンデレラは、いつもみすぼらしい衣服を身にまとい家事の一切を強制されます。しかし舞踏会に出たいという夢を魔法使いの不思議な力で叶えられ、王子様と出会って結婚することができました。この『シンデレラ』は、夢や目標を持ち続ければ必ず叶うと、子どもたちに勇気や夢を与える物語だと思います。

日本は長く不況が続いていたこともあって、子どもが純粋な心で描く夢や目標を大人が「そんなことできるわけがない」と否定してしまう傾向があるように感じています。大人がそんなことを言ってしまうと子どもが夢や目標を持てず、無難な道しか選ばないような大人に育ってしまうと思うのです。

わたしたち大人は子どもたちに戦争の現実を伝えるという役割を帯びながらも、同時に、子どもたちが夢や目標を持ちやすいような世のなかにする役割も担っています。子育てではこのバランスを考えながら、子どもたちが明るい未来を築くサポートをしてあげてください。

TV番組には要注意

たとえつくりもののドラマであったとしても、殺人現場や、なぐる、蹴るといった暴力シーンのある番組は、子どもが自分で物事《ものごと》の良し悪しを判断できるようになるまでは見せないことです。

もし見せてしまったら、「こんな悪いことをした人は、後でとても苦しむことになるんだよ」と、殺人、暴力などがいかに悪いことか、しっかりと話して聞かせてください。

平和な未来をつくれるのは子どもたち

子どもたちの心が平和でなければ、平和な未来をつくることはできません。そして幼少期の子どもの心を平和に、穏やかにしてあげられるのは親です。その親の心が平和で穏やかでなければ、子どもたちに望ましい育児はできません。ですから本書では、育児ママやパパの心が平和で穏やかになるような内容やメッセージを意識しました。「はじめに」や序章で、ママのトラウマを解消する必要性を訴えたのもこうした理由からです。

育児や教育に関わる大人は親だけでなく、幼稚園や保育園、学校の先生方の存在も大きいです。ですから本書で述べてきた内容、とくに終章の戦争に関するメッセージは、ぜひ先生方も教育現場で子どもたちに訴えていただきたい内容です。

感受性の強い時期に見たり聞いたりしたことは、一生忘れることはありません。わたしたちがこれから先、戦争の過ちを二度と繰り返さないためにも、教育現場で子どもたちに何を聞かせ、何を見せ、何を考えさせるのかは大変重要になってきます。

平和な未来をつくる子どもたちのために――。

お母さんやお父さん、先生方、そしてわたしたち大人一人ひとりに課せられた役割は大きいのです。

おわりに

本書を最後までお読みいただき本当にありがとうございます。本書では「育児」をテーマに、母子の結びつきを強めていただきたいというメッセージをお伝えいたしました。

子どもを授かり、大切に育てていくのは「生」と深く関わることです。その「生」というものは、すべての人に必ず訪れる「死」とつながっています。

この世に生まれてくるのは、四次元のあの世（霊界）では「死」にあたいします。そして、「死」によってこの世から旅立つことは、あの世では「生」にあたいします。

この世に「生」を受けて過ごしているあいだに、「死」をどのように受け止めるかによって、さまざまなことが変わってきます。

昔は、自宅で老衰あるいは病気で息を引き取る祖父母の姿を子どもも目にしたものです。しかし核家族化が進んだいま、二世帯同居は減り、子どもたちは祖父母の死に際を目にする機会はほとんどなくなりました。亡くなったという連絡を受け、お通夜や告別式で最期のお別れをするということも少なくないはずです。
人が息を引き取っていく死の現場に出くわすことは、自分自身の死が最初で最後、という人も多くなってきているのです。

世のなかを震撼させた神戸連続児童殺傷事件（酒鬼薔薇事件）。猟奇的な犯行に及んだ当時十四歳の元少年Aは、一番大好きなおばあさんが危篤に陥った際、両親にとめられて、おばあさんの入院先の病院には連れていってもらえなかったようです。元少年Aはその後、すでに亡くなって冷たくなったおばあさんの姿を見て、最愛の人を奪った死を強烈に憎むようになります。大好きなおばあさんが「死」というものに奪われてしまった。この死とは何かをずっと考え、おばあさんを奪った死というものを知りたい！　と興味を持ち、（祖母の死がどれほど関連しているのかはわかりませんが）元少年Aは事件を起こすことになります。

一方、元少年Aと同い年のある男の子の場合、自分の家で亡くなっていくおじいさんの死に際に立ち会うことができました。旅立たれたおじいさんの表情を見て、一瞬、仏様のように見えたといいます。人は亡くなると、死後硬直の前にとてもいい顔になる瞬間があると言われています。これは、如来と釈伽が会った瞬間の顔とも言われます。おじいさんの死に際に立ち会い、その表情を見ることができたそのお子さんは、おじいちゃんの笑顔は、ずっとこれから自分を見守ってくれているような笑顔だった‼　と語り、やがて成人し、仕事でも成功して有意義な人生を送られているそうです。

人が息を引き取る瞬間は、この世とあの世が交差する瞬間でもあります。二人の少年は同じ年齢で祖母・祖父が亡くなるという同じ体験をしたのにもかかわらず、大切な瞬間を見ることができたのか・そうでなかったかによって、その後、まったく対照的な人生を歩むことになったのです。

大切な人の死の瞬間を子どもに見せてあげるのは大事なことです。とくに思春期のころの経験はその後の人生に大きく影響を与えますので、もし機会があればお子さんにも「死」というものを見せてあげていただきたいのです。

そして、死について正しく理解させてあげてください。

死んで終わりではないこと、死後の世界があるという事実を……。死というものを知らなくては、心から安心して生きていけません。もし当時の少年Aに、きちんと死と死後の世界の真実の話をしてあげていたら、あのような残忍な事件を起こすことはなかったかもしれませんね。

また、とくに二世帯で同居されていないご家族の場合、お子さんにお年寄りと接する機会を与えてあげてほしいと思います。人生の経験者と接することで子どもはいろいろなことを学ぶからです。

ただし、お子さんの前で旦那さんのお父さんやお母さん（お母さんのお舅、お姑さん）の悪口を言うようなことは避けてください。子どもに限らずですが、誰かの悪口を言っているのを聞くと人は嫌な気持ちになるものです。ましてや自分のお母さんが、お子さんにとっての大好きなおじいさんやおばあさんの悪口を言っているのが分かると寂しい気持ちになってしまうでしょう。

お母さんにとっては、旦那さんのご両親にはいろいろ思うところもあるかもしれませんが、お子さんの教育のためにも悪口を言ったり、露骨に表情にあらわしたりといったことはしないであげてください。

もちろん旦那さんのことも同様です。お子さんにとっては父親ですから、お父さんのことを悪く言われて喜ぶ子は一人もいません。

人の悪口を聞かされれば聞かされるほど、平和な心ではいられなくなってしまいます。もちろん悪口を言うほうの人も同様です。


本書のなかで、わたしの両親が「神様のようにいい人……」と地元のお店の方から言われた話を紹介しました。あらためて思い返すと、わたしの両親が悪口を言うのを一度も聞いたことがありません。「あの人ってどういう人？」とわたしが両親に聞くと、とくに父親は「あの人はいい人だぞ～」と言ってからその方の説明をはじめます。その説明を聞いてもやはり〝いい人〟なのです。だからわたしは「この世には悪い人はいないんだ」と信じて育ちました。

人の悪口を子どもに聞かせると、子どもはその人に対して固定観念を持ってしまいます。その人がどういう人かというのは、子ども自身の目で判断させてあげてほしいのです。


育児という「生」を見つめる内容だからこそ、本書の締めくくりである「おわりに」で、あえて「死」の大切さをお伝えいたしました。

生きる喜び、命の大切さと尊さを教える過程を通して、死についてもお子さんとともに考えてほしいと思います。

死は人間の自然な姿……。この世の旅立ちは、向こうの世界での誕生……。だから人の死は寂しいものではないんだよと、お子さんに伝えてあげてください。

そして同時に、苦しくても生き抜かなくてはならないことも教えてあげてください。命の大切さ、尊さを……。死んで終わりではないのです。今のままの意識がずっと続きます。これから先、大人になって苦しいこともたくさんあるけれど、自ら死を選んでは絶対にいけない。自殺は絶対にダメです。苦しくても生き抜くこと、それが人生であると、たとえお子さんが幼くてまだよくわからなくても、そういう話を何度もしてあげてほしいのです。

生とともに、死とも向き合える育児――そんな育児を、わたしの大切な皆さんにしていただければと願っております。

二〇一六年一月　大森　和代

●著者プロフィール

大森和代（おおもり　かずよ）

岐阜県生まれ。幼少のころから優れた霊的能力を持ち、高次元の存在（神様）からメッセージを受け、指導を受けてきた。20代、30代のころは英会話スクールを経営。その後は、子育てに多くの時間を費やしてきた。

子育ても落ち着いてきた2010年、人々をこの世（3次元）から次の次元へと渡らせるという意味を込めたデビュー作『WATARASE―わたらせ―』を出版。この書籍が紀伊國屋書店新宿本店の週間ベストセラー1位を獲得して、一躍人気スピリチュアルカウンセラーとなる。その後も、『WATARASE』シリーズ3作品を出版し（同じく週間ベストセラー1位を獲得）、その人気を不動のものとする。

また、高次元の存在からおろされたメッセージを多くの人々に伝えるため、『ありがとう奇跡の講演会』にゲスト出演して日本各地をまわっている。講演会参加者からは「生き方が変わった」「体や心が癒された」など絶賛の声が寄せられ、講演会リピーターが急増している。

最近では、『ありがとう奇跡の講演会』へのゲスト出演だけではなく、自身をメインスピーカーとした『育児セミナー』『愛のおすそわけセミナー』『時空を超えるセミナー』などを主催して、多くの人々の支持を得ている。加えて、ラジオパーソナリティー、個人カウンセリング、公式ブログの開設など、様々な活動を通して多くの人々の悩みを解決の糸口へと導いている。

●ラジオ番組
『大森和代のいつもつながっているよ！ WATARASEトーク』

FMわっち78.5MHz

●公式ブログ
『大森和代のWATARASEまっせ！！』
http://ameblo.jp/oomori-kazuyo/

●著書：『WATARASE』シリーズ（たま出版）
『WATARASE―わたらせ―』

『あなたこそが救世主 WATARASE―わたらせ―vol.2』

『一人じゃないよ、みんなつながっている WATARASE―わたらせ―vol.3』

『らく～に生きていいんだよ WATARASE―わたらせ―vol.4』

大森和代のちょっと変わった子育て講座

2016年3月10日　初版第1刷発行
2016年3月17日　初版第2刷発行

著　者　大森 和代
発行者　韮澤 潤一郎
発行所　株式会社 たま出版
〒160-0004 東京都新宿区四谷4-28-20
☎ 03-5369-3051(代表)
http://tamabook.com
振替　00130-5-94804

印刷所　株式会社エーヴィスシステムズ

ISBN978-4-8127-0392-2 C0011